民法(債権関係)改正法案の ポイント解説

● 新旧条文対照表付き ●

法曹親和会
民法改正プロジェクトチーム 編

編集代表　弁護士　児玉隆晴
　　　　　弁護士　伊藤　元

信山社

はしがき

　東京弁護士会法曹親和会は，平成21年に民法改正プロジェクトチームを設置し，以来，法制審議会民法(債権関係)部会における検討状況をフォローし，民法改正のあるべき姿についてメンバー間で議論を重ねてきた。

　また，当チームは，日本弁護士連合会あるいは東京弁護士会からの意見照会，さらには民法(債権関係)改正に関する中間的な論点整理及び中間試案に対する各パブリックコメントにおいて，実務家の視点から意見書を作成し提出してきた。

　その後，平成27年2月に法制審議会で民法(債権関係)改正の要綱が可決承認され，今般，この要綱をもとにした「民法の一部を改正する法律案」(以下分かりやすくするため「改正民法」という)が国会に提出されたところ，この改正民法は，多くの部分で実務家の意見に配慮した内容となったものと思われる。

　そこで，当チームでは，この改正民法について弁護士のみならず実務家の皆様にいち早くそのポイントを知っていただくために，とりわけ重要な論点を取り上げて新旧条文を比較対照し，その改正の要点を簡潔に解説することとしたものである。また，実務家にとって重要な経過措置についても本文中で解説し，かつ，巻末にて改正民法の適用の基準時などを明示した一覧表を載せている。

　なお，本書では取り上げられていない改正論点も多いが，上記の趣旨によるものであるので，ご容赦いただきたい。

　本書が，読者の皆様の改正民法の理解の一助となれば，望外の喜びである。

　2015年8月

東京弁護士会法曹親和会
民法改正プロジェクトチーム
編集代表・弁護士　児　玉　隆　晴

本書の記載方法

1　今回の改正案の対象となった現行民法の条文は「旧法」と表示し（「改正前民法」とした場合は「改正民法」との間で読み間違いが生じやすいため），改正の前後を通じ変更されないこととなる民法の条文は単に「民法」と表示している。
2　解説においては，「改正の要点」として各改正民法の要旨を説明しているが，「改正の方向性」として改正の経緯を記載しているところも多い。
3　条文ごとに冒頭にて，＜全面改正＞，＜新設＞，＜一部改正＞の区別をしている。ただし，その区別は相対的なものであるので，詳しくは解説を参照されたい。なお，一部改正のみ，改正部分をアンダーラインで示している。
4　文献，判例集等の略称については下記を参照されたい。

記

（文献）

部会資料1～88－2
　　法制審議会民法(債権関係)部会資料1から88－2まで
第1回～第99回部会議事録
　　法制審議会民法(債権関係)部会第1回から第99回までの議事録
　　※いずれも法務省のウェブサイトにて公開されている

中間試案補足　民法(債権関係)改正に関する中間試案の補足説明（商事法務）

（判例集・雑誌）

民　録　　大審院民事判決録
民　集　　大審院民事判例集／最高裁判所民事判例集
集　民　　最高裁判所裁判集民事
判　時　　判例時報
判　タ　　判例タイムズ

目　次

はしがき

第 1　意思能力 …………………………………………………… 3
第 2　意思表示 …………………………………………………… 5
第 3　代　　理 …………………………………………………… 12
第 4　債権の消滅時効 …………………………………………… 15
第 5　法定利率 …………………………………………………… 31
第 6　債務不履行による損害賠償 ……………………………… 37
第 7　契約の解除 ………………………………………………… 44
第 8　危険負担 …………………………………………………… 48
第 9　債権者代位権 ……………………………………………… 53
第 10　詐害行為取消権 …………………………………………… 57
第 11　多数当事者 ………………………………………………… 67
第 12　保　　証 …………………………………………………… 72
第 13　債権譲渡 …………………………………………………… 89
第 14　弁　　済 …………………………………………………… 97
第 15　相　　殺 …………………………………………………… 102
第 16　定型約款 …………………………………………………… 107
第 17　売　　買 …………………………………………………… 118
第 18　消費貸借 …………………………………………………… 126
第 19　賃　貸　借 ………………………………………………… 130
第 20　請　　負 …………………………………………………… 138
第 21　委　　任 …………………………………………………… 145
第 22　寄　　託 …………………………………………………… 148
第 23　組　　合 …………………………………………………… 151
　（参考）　経過措置一覧表 ……………………………………… 157
あとがき

執筆者（五十音順，＊は編集代表）

池田 竜郎（日比谷ステーション法律事務所）
　担当箇所：寄託，組合

＊伊藤　元（電源開発株式会社）
　担当箇所：債権譲渡，弁済，相殺

岩本康一郎（ライツ法律特許事務所）
　担当箇所：請負，委任

上芝直史（五十嵐・渡辺・江坂法律事務所）
　担当箇所：意思表示，代理

木村真理子（ときわ法律事務所）
　担当箇所：債権者代位権，詐害行為取消権，多数当事者，保証

＊児玉隆晴（弁護士法人千代田オーク法律事務所）
　担当箇所：定型約款

後藤健夫（菊地真治法律事務所）
　担当箇所：意思能力

中島龍生（千代田・中島法律事務所）
　担当箇所：債権の消滅時効

中本純志（大西清法律事務所）
　担当箇所：法定利率，債務不履行による損害賠償，契約の解除，危険負担

渡辺昇一（ライツ法律特許事務所）
　担当箇所：売買，消費貸借，賃貸借

民法（債権関係）改正法案の
ポイント解説

● 新旧条文対照表付き ●

第1　意思能力

改正条文	改正前条文
第2節　意思能力 第3条の2　＜新設＞ 　法律行為の当事者が意思表示をした時に意思能力を有しなかったときは，その法律行為は，無効とする。	なし

1　改正の方向性

　意思能力を欠く状態で行われた法律行為の効力が否定されるべきことは，判例・学説上，異論がないところであるが，旧法は，その旨を明らかにする規定を置いていなかった。

　近時，高齢化社会の進展などに伴い判断能力が十分でない者が有する財産に関し取引上のトラブルが生じることは少なくなく，意思能力の有無等が争点となる事例も散見されることから，意思能力についての明文規定を設けることとした。

2　改正の要点

1）　意思能力を欠く状態で行われた法律行為について判例は無効としているところ，一般に，この無効とは意思無能力者の側からのみ主張することができるもの（相対的無効）であると解されている。このことから，この相対的無効という効果が取消しと変わりがないことを指摘して，意思能力を欠く状態で行われた法律行為について取り消しうるとすべきであるという考え方が提示されていた。

　しかし，無効ではなく取消し可に過ぎないものとすれば，意思無能力者について後見人が選任されるまでは取消権者が存在しないことになり，その意

第 1　意思能力

思無能力者の財産が他者に移転されて奪われるおそれがある場合にその近親者等が無効を主張してこれを防ぐということができなくなる。そこで，意思無能力者の保護の観点から，無効と規定することとした。

このため，制限行為能力者が意思能力を欠く状態で行った法律行為は，行為能力の制限を理由として取り消すことができるとともに，意思能力を欠いたことを理由として無効を主張することができることになる。

2) **意思能力の定義について**

今回の改正の議論の過程では，意思能力の定義について，「事理を弁識する能力」や，「法律行為をすることの意味を弁識する能力」とすべきであるという考え方が提示されており，中間試案の段階では「法律行為の時に，その法律行為をすることの意味を理解する能力」とされていた。確かに，分かりやすい民法の実現という観点からは，定義規定を設けることが望ましい。

しかし，意思能力を欠く状態でされた法律行為は無効であるとした判決（大判明治 38.5.11. 民録 11 輯 706 頁）は特に定義することなく「意思能力」という文言を用いており，その後の裁判例等においても「意思能力」という文言が定着しているとされている。また，理論的には，意思能力の判断に当たって，精神上の障害という生物学的要素と合理的に行為をする能力を欠くという心理学的要素の双方を考慮するか，あるいは心理学的要素のみを考慮するかなどについて見解が分かれていることから，意思能力の具体的な内容については引き続き解釈に委ねるのが相当と考えられ，特別の規定を設けないこととした。

3) **経過措置について**

本規定は，施行日前にされた意思表示については，適用されない（附則 2 条）。

第2 意思表示

改正条文	改正前条文
（錯誤） 第95条 ＜全面改正＞ 　1　意思表示は，次に掲げる錯誤に基づくものであって，その錯誤が法律行為の目的及び取引上の社会通念に照らして重要なものであるときは，取り消すことができる。 　(1)　意思表示に対応する意思を欠く錯誤 　(2)　表意者が法律行為の基礎とした事情についてのその認識が真実に反する錯誤 　2　前項第2号の規定による意思表示の取消しは，その事情が法律行為の基礎とされていることが表示されていたときに限り，することができる。 　3　錯誤が表意者の重大な過失によるものであった場合には，次に掲げる場合を除き，第1項の規定による意思表示の取消しをすることができない。 　(1)　相手方が，表意者に錯誤があることを知り，又は重大な過失によって知らなかったとき。 　(2)　相手方が表意者と同一の錯誤に陥っていたとき。 　4　第1項の規定による意思表示の取消しは，善意でかつ過失がない第三者に対抗することができない。	（錯誤） 第95条 　意思表示は，法律行為の要素に錯誤があったときは，無効とする。ただし，表意者に重大な過失があったときは，表意者は，自らその無効を主張することができない。

第2 意思表示

> **改正の要点**

1) 第1項について
   (1) 旧法95条の規律内容を基本的に維持しつつ，判例法理にしたがって，いわゆる要素の錯誤や動機の錯誤を規定上明確化した。その意味で全面改正となっている。
   (2) 1項柱書では，錯誤による意思表示の効力が否定されるための要件の一つである要素の錯誤について，「錯誤に基づくものであって，その錯誤が法律行為の目的及び取引上の社会通念に照らして重要なものであるとき」と定めた。この改正は，要素の錯誤に当たるか否かの判断にあたっては錯誤と意思表示との主観的因果性及びその要素の客観的重要性によって判断するという判例法理の趣旨を反映させたものである。
   (3) 1項柱書では，錯誤による意思表示の効果について，旧法95条を改め，取り消すことができるにとどまるものとした。この改正は，旧法95条が定めていた「無効」の意味について，判例が原則として表意者以外の第三者は錯誤無効を主張することができないとして相対的無効構成を採用しており（最判昭和40.9.10民集19巻6号1512頁），相手方が無効主張をすることができない点で，実際には取消しに近似していることを反映させたものである。
   (4) 1項2号では，動機の錯誤について，規定を新設したうえで，これを「表意者が法律行為の基礎とした事情についてのその認識が真実に反する錯誤」と定義した。この改正は，表意者の動機に錯誤があるケースについても一定の要件の下で意思表示の効力を否定する余地を認めてきた判例法理に従ったものである。
2) 第2項について
   (1) 動機の錯誤を理由とする意思表示の取消しが認められるための要件として，「その事情が法律行為の基礎とされていることが表示されていた」場合に限定している。
      この文言は，従来の判例法理の内容をより具体的に表すという趣旨で

定められたものである。判例法理（最判平成元.9.14 判時 1336 号 93 頁など）については、一般には「動機が表示されて法律行為の内容となったことを要件としている」と理解されているが、中間試案では、ここでいう動機の表示自体には特段の重要性はないとして、「法律行為の内容となった」ことのみを要件とする考え方が採用された（中間試案補足 13 頁参照）。しかし、それでは錯誤の成立範囲が狭くなるのではないかとの疑問があった（部会資料 86・7 頁参照）ため、改正民法 95 条 2 項では、動機の表示ではなく、「その事情が法律行為の基礎とされていることが表示されていた」ことを要件としている。

　例えば、上記判例の「譲渡所得税が課せられないとの誤信を基に財産分与をした」事例では、「財産分与に関する課税関係」という事情について表意者が誤信し、これを前提として財産分与を行うことが表示されたことにより、「その事情が法律行為の基礎とされていることが表示されていた」という要件を充足することになる。したがって、動機の錯誤を理由とする取消しが認められるためには、その事情が法律行為の前提とされていることが必要であって、本項の法律行為の「基礎」とは法律行為の「前提」を意味し、そのような「前提」となっていることが表示されていることが要求されていると解される。

　上記事例と異なり、「譲渡所得税が課されない」との誤信はあったものの、その課税いかんにかかわらず財産分与をしたというような事例では、「財産分与に関する課税関係」という事情は法律行為の基礎ないし前提とされておらず、かつ、その表示もされていないので、動機の錯誤による取消しは認められないこととなる。

(2)　なお、中間試案の段階で検討されていた惹起型錯誤（相手方が事実と異なる表示をしたことによって表意者の錯誤が惹起されたケース）に関する規律を明文化することは見送られた。もっとも、中間試案でこのような提案がなされたのは、下級審において「惹起型錯誤のケースを、動機の錯誤で救済している事案」が多くみられること（山本敬三『「動機の錯誤」に関する判例の状況と民法改正の方向（下）』NBL1025 号 37 頁以下参照）から、こ

第 2 意思表示

れを明文化して分かりやすくするためであった。改正民法95条はこのような裁判例自体を否定する趣旨ではない（部会資料83-2・3頁）。それ故，惹起型錯誤のケースであっても，動機の錯誤による取消しによって表意者保護を図る余地は十分に残されている。

3) 第3項について

重過失のある表意者には錯誤の主張を許さない旧法95条ただし書を維持しつつ，その例外として，(1)相手方が表意者の錯誤について悪意又は重過失がある場合，並びに(2)いわゆる共通錯誤の場合には，重過失のある表意者にも錯誤の主張を許すこととした。例外を設けた理由は，上記(1)及び(2)の場合には，相手方には保護に値する信頼がないために，表意者の錯誤主張を制限する必要がないからである。

これまでの裁判例では表意者の重過失の有無が争点となることが少なくなかったのであり，今後の実務においては，表意者や相手方の重過失の有無が争点化することが予想される。

4) 第4項について

錯誤による意思表示を前提として新たな法律関係に入った第三者の保護規定を新設した。自ら錯誤に陥った者に比べて詐欺によって意思表示をした者の方が帰責性は小さく要保護性が高いにもかかわらず，第三者が現れた場合には錯誤に基づく意思表示をした者により厚い保護が与えられることになる不均衡を是正すべく旧法96条3項を類推適用すべきだとしていた従来の解釈論を採用したものである。

すなわち，保護される第三者には保護に値するだけの正当な信頼が必要であることを理由として，保護要件として善意のみならず無過失であることを要求した。

5) 経過措置について

施行日前にされた意思表示については，なお従前の例による（附則6条1項）。

第 2　意思表示

改正条文	改正前条文
（詐欺又は強迫） 第96条　＜一部改正＞ 　1　［改正なし］ 　2　相手方に対する意思表示について第三者が詐欺を行った場合においては，相手方がその事実を<u>知り，又は知ることができた</u>ときに限り，その意思表示を取り消すことができる。 　3　前2項の規定による詐欺による意思表示の取消しは，<u>善意でかつ過失がない</u>第三者に対抗することができない。	（詐欺又は強迫） 第96条 　1　詐欺又は強迫による意思表示は，取り消すことができる。 　2　相手方に対する意思表示について第三者が詐欺を行った場合においては，相手方がその事実を<u>知っていた</u>ときに限り，その意思表示を取り消すことができる。 　3　前2項の規定による詐欺による意思表示の取消しは，<u>善意の</u>第三者に対抗することができない。

改正の要点

1）　第2項について

　　第三者による詐欺を理由とする取消しを許すための要件として，相手方が悪意の場合のみならず，相手方に過失がある場合を加えた。相手方にはその信頼が保護に値するものであること，すなわち相手方が無過失であることが必要であるという考えを採用したものである。

2）　第3項について

　　詐欺による意思表示を前提として新たに法律関係に入った第三者が保護されるための要件について，第三者の善意に加えて無過失を要求した。第三者の信頼は保護に値するものでなければならないとする解釈論を採用したものである。

第2　意思表示

3) 経過措置について

施行日前にされた意思表示については，なお従前の例による（附則6条1項）。

改正条文	改正前条文
（意思表示の効力発生時期等） 第97条　＜一部改正＞ 　1　意思表示は，その通知が相手方に到達した時からその効力を生ずる。 　2　相手方が正当な理由なく意思表示の通知が到達することを妨げたときは，その通知は，通常到達すべきであった時に到達したものとみなす。 　3　意思表示は，表意者が通知を発した後に死亡し，意思能力を喪失し，又は行為能力の制限を受けたときであっても，そのためにその効力を妨げられない。	（隔地者に対する意思表示） 第97条 　1　隔地者に対する意思表示は，その通知が相手方に到達した時からその効力を生ずる。 　2　隔地者に対する意思表示は，表意者が通知を発した後に死亡し，又は行為能力を喪失したときであっても，そのためにその効力を妨げられない。

改正の要点

1) 第1項について

意思表示の効力発生時期について到達主義を採用している旧法97条1項の規律を隔地者以外にも拡張した。この到達主義については，隔地者間か否かに関わらず，相手方がある意思表示一般に適用されるという通説に従ったものである。

同項の「到達」の意味については，現実に了知されることまでは要せず，相手方又は相手方のために意思表示を受領する権限を有する者が了知可能な状態に置かれれば足りるとした判例（最判昭和43.12.17民集22巻13号2998頁など）があり，これを明文化することも検討されたが，見送られている。もっとも，これは「了知又は了知可能」という概念が分かりにくいとされたためであり（部会資料66Ａ・7頁），この判例の考え方自体を否定するものではない。

ただし，現代では従来の郵便による方法以外にも電子的な手段を含む多様な通信手段が利用されており，今後も新しい通信手段が現れることが予想されることからすれば，どのような客観的事情があれば上記の意味の「到達」を認定することができるのかが今後の実務的な関心事になるものと思われる。

なお，旧法526条1項（隔地者間の契約の成立時期についての発信主義）は，到達主義の原則に反し，かつ，通信手段が発達した現代では承諾についてのみ発信主義を採用する理由がないことから削除された。

2) **第2項について**

上記の意味での「到達」が認められない場合であっても，不到達の原因が「相手方が正当な理由なく意思表示の通知が到達することを妨げた」ことにある場合には，到達を擬制することとした。従来の判例（最判平成10.6.11民集52巻4号1034頁）を踏まえた新設規定である。

3) **第3項について**

意思表示の発信後に表意者の事情に変化があったとしても当該意思表示の効力が影響を受けない場合として，表意者が「死亡」した場合のみならず，「意思能力を喪失」した場合を加えた。

また，旧法97条2項の「行為能力を喪失したとき」という文言については，成年後見の開始のみならず，補佐や補助の開始もこれに含まれることを明らかにするために，「行為能力の制限を受けたとき」に改めた。

4) **経過措置について**

施行日前に意思表示の通知が発せられた場合については，なお従前の例による（附則6条2項）。

第3 代　理

改正条文	改正前条文
（代理権の濫用） 第107条　＜新設＞ 　代理人が自己又は第三者の利益を図る目的で代理権の範囲内の行為をした場合において，相手方がその目的を知り，又は知ることができたときは，その行為は，代理権を有しない者がした行為とみなす。	なし

改正の要点

1）**本条**について

　代理人が，自己又は第三者の利益を図る目的で代理権の範囲内の行為をする類型（代理権の濫用）について規律を新設した。

　まず，代理権の濫用による代理行為の効果が本人に帰属しないこととなるための要件として，濫用目的に関する相手方の悪意又は過失を要求している。代理権を濫用した代理行為の効果を否定するのが相当であると考えられる事案において，旧法93条ただし書を類推適用し，当該濫用行為について相手方が代理人の目的を知り又は知ることができたときに，その代理行為の効果を否定した判例（最判昭和42.4.20民集21巻3号697頁等）があるところ，要件についてはこれに準拠したものである。

　これに対し，代理行為の効果については，これを無効とする判例法理とは異なり，無権代理とみなしている。これは，自己契約や双方代理及び利益相反行為と同様に無権代理と同様の扱いとすることで，本人による追認や代理人に対する責任追及が可能となり，より柔軟な解決が可能となることを考慮したものである。

第 3 代 理

2) 経過措置について

　施行日前に代理権の発生原因が生じた場合におけるその代理については，なお従前の例による（附則 7 条 1 項）。

　もっとも，本条の定めのうち，当該濫用行為について相手方が代理人の目的を知り又は知ることができたことを要求した点については，上述したように，旧法下における判例法理に準拠したものであるから，改正民法と旧法のいずれが適用されるのかによって，結論に差異は生じない。

　ただし，代理権濫用による代理行為の効果については，経過措置の定めにより従前の例による場合には，旧法下の判例法理にしたがって無効として扱うことになると解されるから，代理権の発生原因が施行日前に生じたか否かによって差異が生じることになると思われる。

改正条文	改正前条文
（自己契約及び双方代理等） 第 108 条　＜一部改正＞ 1　同一の法律行為について，相手方の代理人<u>として</u>，又は当事者双方の代理人と<u>してした行為は，代理権を有しない者が</u><u>した行為とみなす</u>。ただし，債務の履行及び本人があらかじめ許諾した行為については，この限りでない。 2　前項本文に規定するもののほか，代理人と本人との利益が相反する行為については，代理権を有しない者がした行為とみなす。ただし，本人があらかじめ許諾した行為については，この限りでない。	（自己契約及び双方代理） 第 108 条 　同一の法律行為については，相手方の代理人<u>となり</u>，又は当事者双方の代理人<u>となることはできない</u>。ただし，債務の履行及び本人があらかじめ許諾した行為については，この限りでない。

第3 代　理

> 改正の要点

1) 第1項について

　　自己契約及び双方代理の効果について，無権代理と同様に扱うことを明確化した。自己契約及び双方代理はいずれも代理権の範囲内の行為ではあるものの，本人が追認の意思表示をしない限り，無権代理として本人には効果帰属しないとした判例法理（最判昭和47.4.4民集26巻3号373頁など）に従ったものである。

2) 第2項について

　　自己契約や双方代理には当たらなくとも，本人と代理人との利益が相反する行為については旧法108条の規律が及ぶという一般的な理解を明文化した。利益相反行為を自由に認めてしまうと本人に不利益を与える恐れが高いことを考慮したものである。

　　この点に関して，判例は，利益相反行為に該当するか否かは，代理行為の「行為自体を外形的客観的に考察して判定すべき」であるとしている（最判昭和42.4.18民集21巻3号671頁）が，本項はこの立場を前提とするものである。

　　ただし，本人と代理人との利益相反行為については，その態様・程度が様々であり，むしろ本人の利益に資することになるケースも想定されることから，本条項による規律の射程が，今後争点となる余地がある。

3) 経過措置について

　　施行日前に代理権の発生原因が生じた場合におけるその代理については，なお従前の例による（附則7条1項）。

　　もっとも，本条1項及び2項は，上述したように，それぞれ旧法下における判例法理及び一般的な理解を明文化したものであるから，改正民法と旧法のいずれが適用されるのかによって，結論に差異は生じない（適用法令に差異はある）。

第4 債権の消滅時効

改正条文	改正前条文
（債権等の消滅時効） 第166条 ＜全面改正＞ 　1　債権は，次に掲げる場合には，時効によって消滅する。 　(1)　債権者が権利を行使することができることを知った時から5年間行使しないとき。 　(2)　権利を行使することができる時から10年間行使しないとき。 　2　債権又は所有権以外の財産権は，権利を行使することができる時から20年間行使しないときは，時効によって消滅する。 　3　前2項の規定は，始期付権利又は停止条件付権利の目的物を占有する第三者のために，その占有の開始の時から取得時効が進行することを妨げない。ただし，権利者は，その時効を更新するため，いつでも占有者の承認を求めることができる。 ＊この改正に伴い商法第522条を削除するものとする。	（消滅時効の進行等） 第166条 　1　消滅時効は，権利を行使することができる時から進行する。 　2　前項の規定は，始期付権利又は停止条件付権利の目的物を占有する第三者のために，その占有の開始の時から取得時効が進行することを妨げない。ただし，権利者は，その時効を中断するため，いつでも占有者の承認を求めることができる。 （債権等の消滅時効） 第167条 　1　債権は，10年間行使しないときは，消滅する。 　2　債権又は所有権以外の財産権は，20年間行使しないときは，消滅する。

1　改正の方向性

　旧法170条から174条までの短期消滅時効制度については，多数の時効の種類が存在し，債権管理が煩雑であるとともに，果たしてその区分に明確性，合

第 4 債権の消滅時効

理性があるかという疑問も生じていた。そこで，短期消滅時効制度を廃止することを前提に，さらに原則的な時効期間を単純化・統一化するための改正が検討された。

この点，原則的には，旧法の 10 年間の消滅時効期間は長期にすぎるため短縮すべきであるとの考え方を基本としつつも，一律に時効期間を短期化すると不都合な場合があるとの考え方にも配慮し，2 つの時効起算点と時効期間を併用することとなった。なお，売買，請負においては別途に短期の期間制限の制度が設けられたが，この点については売買，請負の項を参照されたい。

2 改正の要点

1） 第 166 条第 1 項について

旧法の「権利を行使することができる時」という起算点から 10 年間とする制度を維持（2 号）しつつ，「債権者が権利を行使することができることを知った時」という主観的起算点から 5 年間という制度（1 号）を新たに設けた。そして，同項本文は，このうちいずれか早いほうの時効期間が満了した時に時効が完成するものとした。

この点，契約にもとづく債権については，「権利を行使することができる時」（客観的起算点）と「権利を行使することができることを知った時」（主観的起算点）とが一致するのが通常であるので，個人間の消費貸借契約による金銭その他の目的物の返還請求権なども含めて，原則として主観的起算点から 5 年間の時効期間が適用されることになる。

これに対して，不当利得返還請求権（過払金返還請求権など）や安全配慮義務違反に基づく損害賠償請求権などでは，必ずしも債権者が債権の発生あるいは損害の発生又は債務不履行と損害との因果関係を当初から認識しているわけではないことが多く，このような場合に，主観的起算点を抽象的な権利発生の認識時と捉えて 5 年間の時効期間により権利が消滅するとするのは妥当とは言えない。それ故，主観的起算点の「権利を行使することができることを知った時」の意味については，旧法 724 条の「損害及び加害者を知っ

第 4　債権の消滅時効

た時」と同様の解釈（最判昭和 48.11.16 民集 27 巻 10 号 1374 頁など）が当てはまるものと考えられ，具体的には「債務者に対する権利行使が事実上可能な程度にこれを知った時」を意味すると解するのが妥当である（なお，後述する「人の生命又は身体の侵害による損害賠償請求権の消滅時効」は，債務不履行による損害賠償請求権について客観的起算点から 20 年とする点での特例である）。

　また，客観的起算点に関する判例には，消滅時効の起算点は，単にその権利の行使について法律上の障害がないというだけではなく，さらに「権利の性質上，その権利行使が現実に期待することができるようになった時」を意味する旨を判示したものがあり（最判平成 15.12.11 民集 57 巻 11 号 2196 頁など），改正民法においても，このような解釈が維持されるべきものと解される。

2）　商法第 522 条の削除について

　契約による債権の消滅時効期間が通常は 5 年となり，別途商事債権の消滅時効制度を維持する必要がなくなったために，商法 522 条は削除されることになった。

3）　経過措置について

　施行日前に債権が生じた場合（施行日以降に債権が生じた場合であって，その原因である法律行為が施行日前にされたときを含む）におけるその債権の消滅時効の期間については，なお従前の例による（附則 10 条 4 項）。当事者の予測可能性を保護する観点からこのような基準時としたものである。ただし，不法行為による損害賠償請求権については，附則 35 条により，後述のとおり経過措置が異なっているので，注意を要する。

改正条文	改正前条文
［削除］	（3 年の短期消滅時効） 第 170 条 　次に掲げる債権は，3 年間行使しないときは，消滅する。ただし，第 2 号に掲げる債権

第4　債権の消滅時効

	の時効は，同号の工事が終了した時から起算する。 　(1)　医師，助産師又は薬剤師の診療，助産又は調剤に関する債権 　(2)　工事の設計，施工又は監理を業とする者の工事に関する債権
[削除]	**第171条** 　弁護士又は弁護士法人は事件が終了した時から，公証人はその職務を執行した時から3年を経過したときは，その職務に関して受け取った書類について，その責任を免れる。
[削除]	**（2年の短期消滅時効）** **第172条** 　1　弁護士，弁護士法人又は公証人の職務に関する債権は，その原因となった事件が終了した時から2年間行使しないときは，消滅する。 　2　前項の規定にかかわらず，同項の事件中の各事項が終了した時から5年を経過したときは，同項の期間内であっても，その事項に関する債権は，消滅する。

第4　債権の消滅時効

［削除］	第173条 　次に掲げる債権は，2年間行使しないときは，消滅する。 　(1)　生産者，卸売商人又は小売商人が売却した産物又は商品の代価に係る債権 　(2)　自己の技能を用い，注文を受けて，物を製作し又は自己の仕事場で他人のために仕事をすることを業とする者の仕事に関する債権 　(3)　学芸又は技能の教育を行う者が生徒の教育，衣食又は寄宿の代価について有する債権
［削除］	（1年の短期消滅時効） 第174条 　次に掲げる債権は，1年間行使しないときは，消滅する。 　(1)　月又はこれより短い時期によって定めた使用人の給料に係る債権 　(2)　自己の労力の提供又は演芸を業とする者の報酬又はその供給した物の代価に係る債権 　(3)　運送賃に係る債権 　(4)　旅館，料理店，飲食店，貸席又は娯楽場の宿泊料，飲食料，席料，入場料，消費物の代価又は

第4　債権の消滅時効

| | 立替金に係る債権 |
| | (5)　動産の損料に係る債権 |

改正の要点

　改正民法166条の項で記載したように旧法170条から174条までの短期消滅時効制度については，多数の時効の種類が存在し債権管理が煩雑であるとともに，その区分が明確でないという問題があった。現代社会においてはもはやその区分に合理性があるとは言えないので，これらの短期消滅時効制度を廃止することとなった。

改正条文	改正前条文
（人の生命又は身体の侵害による損害賠償請求権の消滅時効） 第167条　＜新設＞ 　人の生命又は身体の侵害による損害賠償請求権の消滅時効についての前条（債権等の消滅時効）第1項第2号の規定の適用については，同号中「10年間」とあるのは，「20年間」とする。	なし
（不法行為による損害賠償請求権の消滅時効） 第724条　＜一部改正＞ 　不法行為による損害賠償の請求権は，次に掲げる場合には，時効によって消滅する。 　(1)　被害者又はその法定代理人が損害及び加害者を知った時から3年間行使しないとき。 　(2)　不法行為の時から20年間行使しないとき。	（不法行為による損害賠償請求権の期間の制限） 第724条 　不法行為による損害賠償の請求権は，被害者又はその法定代理人が損害及び加害者を知った時から3年間行使しないときは，時効によって消滅する。不法行為の時から20年を経過したときも，同様とする。

（人の生命又は身体を害する不法行為による損害賠償請求権の消滅時効） 第724条の2　＜新設＞ 　人の生命又は身体を害する不法行為による損害賠償請求権の消滅時効についての前条第1号の規定の適用については，同号中「3年間」とあるのは，「5年間」とする。	なし

1　改正の方向性

　人の生命又は身体の侵害は，重大な法益侵害であることから，それに基づく損害賠償請求権については通常の債権の消滅時効期間よりも長期の消滅時効期間を設けることとなった。

　また，安全配慮義務違反に基づく損害賠償請求権と，不法行為に基づく損害賠償請求権とが請求権競合となる場合があるにもかかわらず，いずれを選択するかにより時効期間が変わるとするのは妥当でないとの指摘があった。

　そこで，人の生命又は身体の侵害による損害賠償請求権について，改正民法166条1項2号（客観的起算点から10年間）及び724条1号（主観的起算点から3年間）の各特則を設けて，これらを長期化し，かつ，人身損害の限度で債務不履行と不法行為に基づく損害賠償請求権の消滅時効の統一化を図った。

2　改正の要点

1）　第167条の2について

　人の生命又は身体の侵害による損害賠償請求権については，改正民法166条1項2号の客観的起算点に基づく10年の時効期間について特則を設け，権利を行使することができる時から20年とした。なお，主観的起算点に基づく時効期間については特則が設けられていないため，改正民法166条1項1号の規定どおり5年の消滅時効期間に服することになる。

　したがって，人の生命又は身体の侵害による損害賠償請求権については，

第4　債権の消滅時効

客観的起算点に基づく消滅時効は現在の消滅時効期間（客観的起算点のみで一律10年）よりも債権者に有利となる半面，主観的起算点に基づく消滅時効期間は現在の消滅時効期間よりも債権者に不利となる場合がある。ただし，改正民法166条の解説で述べたとおり，主観的起算点の解釈を判例法理に即して柔軟に行うことにより，債権者のかかる不利を免れることは可能である。

2）　第724条について

不法行為に基づく損害賠償請求権に関し，旧法下において，不法行為時から20年の期間は除斥期間であるとする判例（最判平成元.12.21民集43巻12号2209頁）もあったが，被害者救済にそぐわないとの批判があった。そこで，これと異なる判例（最判平成21.4.28民集63巻4号853頁）があったことに鑑み，損害及び加害者を知った時から3年間の時効期間と同様に，これを消滅時効期間と明定した。

3）　第724条の2について

旧法では，生命又は身体の侵害か否かにかかわらず，不法行為に基づく損害賠償請求権の主観的起算点に基づく消滅時効期間は「損害及び加害者を知った時から3年間」とされていた。改正民法は，上記1の趣旨から，損害及び加害者を知った時から5年間に長期化した。この規定と改正民法167条の規定により，生命又は身体の侵害による損害賠償請求権については，不法行為に基づく損害賠償請求権も安全配慮義務違反その他の債務不履行に基づく損害賠償請求権も，客観的起算点から20年，主観的起算点から5年という同一の時効期間に服することとなる。

4）　経過措置について

施行の際既に旧法724条後段に規定する期間（20年）が経過していた場合には，なお従前の例による（附則35条1項）。したがって，改正民法施行時に不法行為のときからすでに20年が経過していた場合には，上記の判例（平成元年）による限り除斥期間の経過として損害賠償請求権が消滅することとなるものと考えられる。しかし，逆に施行時に20年が経過していない場合には改正民法による時効期間となり，時効の更新や猶予等の適用があることとなる。

また，改正民法724条の2の規定は，施行の際既に旧法724条前段に規定する時効が完成していた場合については適用しない（附則35条2項）とされている。それ故，身体・生命に対する不法行為による損害賠償請求権においても施行時に旧法に基づく3年の時効期間が経過していれば，それによって損害賠償請求権は消滅することになる。しかし，逆に不法行為の時点に関わらず，施行時に時効が完成していなければ改正民法の5年の消滅時効期間が適用されることになる。

　これらの経過措置は，不法行為の被害者を改正民法による長期の時効期間によってできるだけ保護する意図に基づくものであり，安全配慮義務違反その他債務不履行に基づく損害賠償請求権とは異なることとなる。

改正条文	改正前条文
（協議を行う旨の合意による時効の完成猶予） 第151条　＜新設＞ 1　権利についての協議を行う旨の合意が書面でされたときは，次に掲げる時のいずれか早い時までの間は，時効は，完成しない。 (1)　その合意があった時から1年を経過した時 (2)　その合意において当事者が協議を行う期間（1年に満たないものに限る。）を定めたときは，その期間を経過した時 (3)　当事者の一方から相手方に対して協議の続行を拒絶する旨の通知が書面でされたときは，その通知の時から6箇月を経過した時 2　前項の規定により時効の完成が猶予されている間にされた再度の同項の合意は，同項の規定による時効の完成猶予の効力を有する。ただし，その効力は，時効の完成が猶予されなかったとすれば時効が	なし

第4　債権の消滅時効

完成すべき時から通じて5年を超えることができない。
3　催告によって時効の完成が猶予されている間にされた第1項の合意は，同項の規定による時効の完成猶予の効力を有しない。同項の規定により時効の完成が猶予されている間にされた催告についても，同様とする。
4　第1項の合意がその内容を記録した電磁的記録（電子的方式，磁気的方式その他人の知覚によっては認識することができない方式で作られる記録であって，電子計算機による情報処理の用に供されるものをいう。以下同じ。）によってされたときは，その合意は，書面によってされたものとみなして，前3項の規定を適用する。
5　前項の規定は，第1項第3号の通知について準用する。

1　改正の方向性

　旧法では，当事者間で紛争に関する協議が継続している場合でも，時効は妨げられることなく進行するが，そのような場合に権利者が権利行使を怠っているとして時効の完成を認めるのは必ずしも妥当とは言えない。
　のみならず，円満な解決を図るために裁判などの強硬な手段を取りにくい事情もある。そこで，紛争に関する協議が行われている場合には，時効の完成を妨げる旨の規定を設ける必要があるとの観点から，協議を行う旨の合意（以下「協議合意」という）による時効完成猶予の制度が新設された。

2 改正の要点

1) 第1項について

　協議合意による時効完成猶予の制度を設けるとしても，どのような場合に協議を行っているといえるかは必ずしも明確ではない（たとえば，口頭なり，書面で請求を行い相手の返答を待っている状態はどうか）。そこで，権利についての協議合意が書面でされることを条件とした。

　そして，そのような書面があった場合は，①合意があった時から1年を経過した時，②合意において当事者が協議を行う期間（1年に満たないものに限る。）を定めたときは，その期間を経過した時，③当事者の一方から相手方に対して協議の続行を拒絶する旨の通知が書面でされたときは，その通知の時から6箇月を経過した時，のいずれか早い時までは時効が完成しないこととした。

2) 第2項について

　協議合意によって時効完成が猶予されている期間中に再度の協議合意により時効完成をさらに猶予させることができるとした。ただし，その効力は，時効の完成が猶予されなかったとすれば時効が完成すべき時から通算して5年を超えることができず，それ以上の猶予はできないこととした。

3) 第3項について

　改正民法においては，旧法と同様に催告は6ヶ月間時効の完成を猶予する効力を持ち，さらに再度の催告には時効完成猶予の効力はない旨の規定が新設されている（改正民法150条2項参照）。そうしたところ，催告と協議合意は，裁判外の時効猶予制度という意味で類似しているため，①催告によって時効完成が猶予されている間になされた協議合意，あるいは②逆に協議合意によって時効完成が猶予されている間になされた催告については，改正民法150条2項と同様に時効完成猶予の効力を有しないこととした。この点は本条2項と混同しないことが必要である。

4) 第4項について

　電磁的記録によってなされた協議合意も書面による合意とみなして時効完

第4　債権の消滅時効

成猶予の効力をもつこととした。
5) 第5項について
　　1項3号の協議の続行を拒絶する旨の通知も電磁的記録によってなすことができることとした。
6) 経過措置について
　　本規定は，改正民法の施行日前に権利についての協議を行う旨の合意が書面でされた場合におけるその合意については，適用されない（附則10条3項）。

改正条文	改正前条文
（裁判上の請求等による時効の完成猶予及び更新） 第147条　＜全面改正＞ 1　次に掲げる事由がある場合には，その事由が終了する（確定判決又は確定判決と同一の効力を有するものによって権利が確定することなくその事由が終了した場合にあっては，その終了の時から6箇月を経過する）までの間は，時効は，完成しない。 (1)　裁判上の請求 (2)　支払督促 (3)　民事訴訟法第275条第1項の和解又は民事調停法（平成26年法律第222号）若しくは家事事件手続法（平成23年法律第52号）による調停 (4)　破産手続参加，再生手続参加又は更生手続参加 2　前項の場合において，確定判決又は確定判決と同一の効力を有するものによって権利が確定したときは，時効は，同項各号に掲げる事由が終了した時から新たにその進行を始める。	（時効の中断事由） 第147条 　時効は，次に掲げる事由によって中断する。 (1)　請求 (2)　差押え，仮差押え又は仮処分 (3)　承認

第4　債権の消滅時効

（強制執行等による時効の完成猶予及び更新） 第148条　＜全面改正＞ 　1　次に掲げる事由がある場合には，その事由が終了する（申立ての取下げ又は法律の規定に従わないことによる取消しによってその事由が終了した場合にあっては，その終了の時から6箇月を経過する）までの間は，時効は，完成しない。 　(1)　強制執行 　(2)　担保権の実行 　(3)　民事執行法（昭和54年法律第4号）第195条に規定する担保権の実行としての競売の例による競売 　(4)　民事執行法第196条に規定する財産開示手続 　2　前項の場合には，時効は，同項各号に掲げる事由が終了した時から新たにその進行を始める。ただし，申立ての取下げ又は法律の規定に従わないことによる取消しによってその事由が終了した場合は，この限りでない。	第147条と同じ
（仮差押え等による時効の完成猶予） 第149条　＜全面改正＞ 　次に掲げる事由がある場合には，その事由が終了した時から6箇月を経過するまでの間は，時効は，完成しない。 　(1)　仮差押え 　(2)　仮処分	第147条と同じ
（催告による時効完成猶予） 第150条　＜全面改正＞ 　1　催告があったときは，その時から6箇月を経過するまでの間は，時効は，完成	（催告） 第153条 　催告は，6箇月以内に，裁判上の請求，支払督促の申立

第4　債権の消滅時効

しない。 　2　催告によって時効の完成が猶予されている間にされた再度の催告は，前項の規定による時効の完成猶予の効力を有しない。	て，和解の申立て，民事調停法若しくは家事事件手続法による調停の申立て，破産手続参加，再生手続参加，更生手続参加，差押え，仮差押え又は仮処分をしなければ，時効の中断の効力を生じない。
（天災等による時効の完成猶予） 第161条　＜一部改正＞ 　時効の期間の満了の時に当たり，天災その他避けることのできない事変のため<u>第147条（裁判上の請求等による時効の完成猶予及び更新）第1項各号又は第148条（強制執行等による時効の完成猶予及び更新）第1項各号に掲げる事由に係る手続を行う</u>ことができないときは，その障害が消滅した時から<u>3箇月</u>を経過するまでの間は，時効は，完成しない。	（天災等による時効の停止） 第161条 　時効の期間の満了の時に当たり，天災その他避けることのできない事変のため<u>時効を中断する</u>ことができないときは，その障害が消滅した時から<u>2週間</u>を経過するまでの間は，時効は，完成しない。

1　改正の方向性

　旧法147条以下に規定する時効中断事由が生じたときには，時効の中断としてその時点から新たに時効期間が進行を始めるが，裁判の取下げなどにより時効中断事由が途中で終了した場合には，遡って時効中断の効力が生じないこととされていた（旧法149条など）。ところが，このような場合も，判例によれば裁判上の催告として手続の終了時から6カ月以内に所定の手続をとれば時効が中断することとされており，このことを条文上明確にする必要があった。

　また，旧法では，一時的に時効の完成が妨げられるにすぎない催告（旧法153条）と新たな時効期間が進行を始める場合とが，同一の「中断」という用語で表現されており，分かりにくかった。そこで，これらを区別して分かりやすくする必要があった。

　このような観点から一定の事由の発生によって時効の完成が妨げられる「時

第4　債権の消滅時効

効完成の猶予」と一定の事由により新たに時効期間が進行を始める「時効の更新」という用語を採り入れたうえ，それらにあたる事由を整理しなおすこととしたものである。

2　改正の要点

1)　第147条について
　(1)　第1項について
　　　裁判上の請求，支払督促，和解，民事調停，破産手続への参加等の事由が生じた場合には，「時効完成の猶予」とし，それらの事由が終了するまでは時効は完成しないこととした。ただし，権利が確定することなくその事由が終了した場合は，その終了の時から6箇月を経過するまでの間は，時効は完成しないこととした。上記1第1段落の趣旨を受けて裁判上の催告の概念を明文化したものである。
　(2)　第2項について
　　　1項の場合に確定判決等により権利が確定した場合は，「時効の更新」としてその時点から新たな時効期間が開始することとした。上記1第2段落の趣旨を受け，更新の効果を定めたものである。
　(3)　経過措置について
　　　施行日前に旧法147条に規定する時効の中断の事由又は同法158条ないし161条に規定する時効の停止の事由が生じた場合には従前の例によるとされている（附則10条2項）。したがって，逆に施行日前に発生した債権であっても時効期間が経過していなければ，施行日以後に生じた上記の事由については時効の更新，完成猶予の規定が適用されることとなる。
2)　第148条について
　(1)　第1項について
　　　強制執行，担保権の実行等の事由が生じた場合には，「時効完成の猶予」としてそれらの事由が終了するまでは時効は完成しないこととした。ただし，申立ての取下げ又は法律の規定に従わないことによる取消しによって

第4　債権の消滅時効

その事由が終了した場合には，その終了の時から6箇月を経過するまでの間は，時効は，完成しないこととした。改正民法147条1項の改正と同趣旨である。
(2) 第2項について

1項の場合には，「時効の更新」として，同項各号に掲げる事由が終了した時から（取下げや取消しの場合は除く）新たな時効期間が開始することとした。
(3) 第149条について

仮差押え，仮処分が行われた場合には，その終了の時から6箇月を経過するまでの間は，時効は，完成しないこととした。改正民法147条1項と同趣旨である。

4) 第150条について
(1) 第1項について

旧法を基本的に維持し，催告の効果を時効の完成の猶予とした。
(2) 第2項について

再度の催告によっては時効の完成が猶予されないとの判例を明文化した。

5) 第161条について

東日本大震災等の大災害を経て，天災等の場合の時効完成の猶予期間が旧法の2週間ではあまりに短いとされ，天災その他避けることのできない事変のため時効の完成猶予及更新の手続をとることができないときは，その障害が消滅した時から3箇月経過するまでは，時効は完成しないこととした。

第5　法定利率

改正条文	改正前条文
（法定利率） 第404条　＜全面改正＞ 　1　利息を生ずべき債権について別段の意思表示がないときは，その利率は，その利息が生じた最初の時点における法定利率による。 　2　法定利率は，年3パーセントとする。 　3　前項の規定にかかわらず，法定利率は，法務省令で定めるところにより，3年を一期とし，一期ごとに，次項の規定により変動するものとする。 　4　各期における法定利率は，この項の規定により法定利率に変動があった期のうち直近のもの（以下この項において「直近変動期」という。）における基準割合と当期における基準割合との差に相当する割合（その割合に1パーセント未満の端数があるときは，これを切り捨てる。）を直近変動期における法定利率に加算し，又は減算した割合とする。 　5　前項に規定する「基準割合」とは，法務省令で定めるところにより，各期の初日の属する年の6年前の年の1月から前々年の12月までの各月における短期貸付けの平均利率（当該各月において銀行が新たに行った貸付け（貸付期間が1年未満のものに限る。）に係る利率の平均をいう。）の合計を60で除して計算した割合（その割	（法定利率） 第404条 　利息を生ずべき債権について別段の意思表示がないときは，その利率は，年5分とする。

第5 法定利率

合に0.1パーセント未満の端数があるときは、これを切り捨てる。）として法務大臣が告示するものをいう。

＊この改正に伴い、商法第514条を削除するものとする。

1 改正の方向性

　低金利の状況が長期間継続している現行の経済情勢のもとでは、旧法404条の定める年5パーセントという法定利率は高すぎると考えられることから法定利率を引き下げることとし、同時に、経済情勢の変動に対応して法定利率を適切な水準に保つべく、利率の変動性を導入した。ただし、法定利率の頻繁な変更を避けるため、見直しは3年に1回だけ、過去5年間の市場金利の平均をもとに行うこととされている。また、ある債権の利息の計算に用いる法定利率を、その債権について最初に利息が発生した時点の利率で固定し事後的に変化しないことにするなど、法定利率の適用が簡便に行えるよう実務的な配慮がなされている（2で詳述する）。

2 改正の要点

1）第1項について

　変動制法定利率の導入により、各々の債権の利息をどの時点での法定利率を用いて計算するのかという問題が生じるが、原則として、当該債権について最初に利息が生じた時点（具体的な利息が最初に発生する時点。利息計算の初日）における法定利率によって計算し、その後に法定利率の変動があってもその債権の利息計算に用いる利率は最初のものから変化しない。

　すなわち、債権の存続中に利息計算に用いる法定利率が変化するという意味での変動制の場合は、利息計算がきわめて煩瑣となり実務的に扱いづらいことから、本項はひとつの債権の利息計算に用いる利率を最初の利率で固定

第5 法定利率

し，事後的に変えないこととした（部会資料74B・7頁）。
　　したがって，変動制法定利率を利息計算に用いる際には，それぞれの債権につき，最初に利息が発生した時点がいつであるか，及びその時点における法定利率の値に注意を払えばよいことになる。

2）第2項及び第3項について
　　今回の改正で法定利率はまず年3パーセントに引き下げられ（2項），以後3年を一期として3年ごとに見直しを行うこととした（3項）。

3）第4項について
　　各期の法定利率は，その期の「基準割合」（算出方法については第5項の解説参照）と直近で法定利率の変動があった期の「基準割合」を比較し，その差を現行の法定利率に加算（その期の基準割合が直近変動期より上昇した場合）又は減算（その期の基準割合が直近変動期より下落した場合）して決まる（部会資料81B・3頁に具体的なイメージ図がある）。ただし，1パーセント未満の差は切り捨てられる
　　なお，改正後初めて法定利率が変動するまでは，改正民法施行後最初の期の「基準割合」を，各期の「基準割合」と比較することになる（附則15条2項参照）。

4）第5項について
　　法定利率の決定に用いる「基準割合」の算出方法を定める。
　　「基準割合」とは，その期が始まる2ないし6年前の5年間における銀行が行った短期貸付の金利の平均である（0.1パーセント未満は切り捨て）。
　　ここで，各期の基準割合が過去5年間という比較的長い期間の平均の割合とされることから，法定利率の変動は，実際には緩やかにしか発生しないと考えられる。
　　したがって，法定利率は，短期的な経済情勢の変動とはいちいち連動せず，長期的な経済情勢の変化を反映するものとなっている。

5）商法第514条の削除について
　　本条制定に伴い，商事法定利率を廃止し，民法の法定利率に一元化した。そのため，年6パーセントとされた商事法定利率が，改正当初は半減されて

第 5　法定利率

年 3 パーセントになり，その後 3 年に 1 回見直されることになる。この点にも注意を要する。

6）経過措置について

施行日前に利息が生じた場合におけるその利息を生ずべき債権に係る法定利率については，なお従前の例による（附則 15 条 1 項）。

改　正　条　文	改正前条文
（金銭債務の特則） 第 419 条　＜一部改正＞ 1　金銭の給付を目的とする債務の不履行については，その損害賠償の額は，<u>債務者が遅滞の責任を負った最初の時点における法定利率によって定める</u>。ただし，約定利率が法定利率を超えるときは，約定利率による。 2　［改正なし］ 3　［改正なし］	（金銭債務の特則） 第 419 条 1　金銭の給付を目的とする債務の不履行については，その損害賠償の額は，法定利率によって定める。ただし，約定利率が法定利率を超えるときは，約定利率による。 2　前項の損害賠償については，債権者は，損害の証明をすることを要しない。 3　第 1 項の損害賠償については，債務者は，不可抗力をもって抗弁とすることができない。

改正の要点

1）第 1 項について

変動制法定利率の導入に伴い，従来から法定利率を基準に算定している金銭債務の遅延損害金についても，どの時点の法定利率を基準に算定するのかという問題が生じる。

第5 法定利率

　この点，本項は，「債務者が遅滞の責任を負った最初の時点」，すなわち債務不履行（履行遅滞）が生じた時点での法定利率を適用するとし，履行遅滞が継続し，遅滞が解消するまでに法定利率が変動しても，履行遅滞が始まった最初の時点の法定利率により計算する旨を定めた。たとえば，履行遅滞となった時点の法定利率が年3パーセントであり，その後弁済するまでに法定利率が変動し，支払った時点の法定利率が年4パーセントになっていても，履行が遅れた期間全体について年3パーセントの割合で遅延損害金を計算することになる。
　計算が煩瑣になりすぎることを防ぐという意味で，404条1項と同じ趣旨である。

2）**経過措置**について
　施行日前に債務者が遅滞の責任を負った場合における遅延損害金を生ずべき債権に係る法定利率については，なお従前の例による（附則17条3項）。

改正条文	改正前条文
（中間利息の控除） 第417条の2　＜新設＞ 1　将来において取得すべき利益についての損害賠償の額を定める場合において，その利益を取得すべき時までの利息相当額を控除するときは，その損害賠償の請求権が生じた時点における法定利率により，これをする。 2　将来において負担すべき費用についての損害賠償の額を定める場合において，その費用を負担すべき時までの利息相当額を控除するときも，前項と同様とする。	なし

第5　法定利率

改正の要点

1) **第1項について**

　　将来の逸失利益についての損害賠償額を計算する場合に行われる中間利息の控除については，従来から法定利率を用いて計算されているが（最判平17.6.14民集59巻5号983頁参照），変動制法定利率の導入に伴い，どの時点の法定利率を基準に中間利息を控除するのかという問題が生じる。

　　この点，本項は，「損害賠償の請求権が生じた時点」すなわち債務不履行による損害賠償請求権であれば不履行時（正確には債務不履行に基づく損害賠償請求権の発生要件事実が具備された時）の法定利率で計算することを定めた。裁判の時点の法定利率で計算するのではない。また，不履行時以後の法定利率の変動は考慮しない。

　　これは，「損害は，逸失利益も含めて不履行時に全体が一体として発生する」という考え方に親和的な規律といえる。

2) **第2項について**

　　中間利息控除は，1項のような将来取得することができたはずの利益（逸失利益）について損害賠償額を定める場合だけでなく，将来負担することになってしまった費用（後遺症が残った場合の介護費用など）について損害賠償額を定める場合にも行われる。これについても，1項と同様，不履行時の法定利率で計算することとした。

3) **経過措置について**

　　本規定は，施行日前に生じた将来において取得すべき利益（本条1項）又は負担すべき費用（本条2項）についての損害賠償請求権については，適用されない（附則17条2項）。

第6　債務不履行による損害賠償

改 正 条 文	改正前条文
（債務不履行による損害賠償） 第415条　＜1項は一部改正，2項は新設＞ 　1　債務者がその債務の本旨に従った履行をしないとき<u>又は債務の履行が不能であるとき</u>は，債権者は，これによって生じた損害の賠償を請求することができる。<u>ただし，その債務の不履行が契約その他の債務の発生原因及び取引上の社会通念に照らして債務者の責めに帰することができない事由によるものであるときは，この限りでない。</u> 　2　前項の規定により損害賠償の請求をすることができる場合において，債権者は，次に掲げるときは，債務の履行に代わる損害賠償の請求をすることができる。 　(1)　債務の履行が不能であるとき。 　(2)　債務者がその債務の履行を拒絶する意思を明確に表示したとき。 　(3)　債務が契約によって生じたものである場合において，その契約が解除され，又は債務の不履行による契約の解除権が発生したとき。	（債務不履行による損害賠償） 第415条 　債務者がその債務の本旨に従った履行をしないときは，債権者は，これによって生じた損害の賠償を請求することができる。<u>債務者の責めに帰すべき事由によって履行をすることができなくなったときも，同様とする。</u>

1　改正の方向性

　債務不履行に基づく損害賠償請求権の要件を定める旧法415条の改正の方向性については，当初は，いわゆる「帰責事由（債務者の責めに帰すべき事由）」概念を維持するか否かについて，大きな争いがあった。

第6　債務不履行による損害賠償

　この点，中間論点整理の段階では，債務不履行による損害賠償責任が免責される場合を表現するために，「帰責事由」概念に代えて，「契約において債務者が引き受けていない事由」なる概念を導入しようとする立場が有力であった。

　しかし，このような概念では「契約書の記載内容次第で債務者が過剰に履行障害リスクを負わされることになりかねない」などの疑問が存在したため，帰責事由概念は条文上維持されることで決着した。

　その上で，帰責事由という表現だけでは債務者の免責の判断基準があまりに不明確であることから，中間試案においては，帰責事由の存否を「契約の趣旨」に照らし判断することとしつつ，この「契約の趣旨」は，「契約の性質，契約をした目的，契約締結に至る経緯その他の事情に基づき，取引通念を考慮して定まる」ものと明記して，帰責事由の判断基準を具体的に示した。これは，契約書の文言だけでなく契約締結の経緯などその契約に関する一切の事情，及び取引通念を考慮して行われる実務の帰責事由判断のあり方を，できる限り明文化しようと努めたものである。

　最終的には，「契約の趣旨」という概念を法文に用いることは見送られ，帰責事由の有無の判断基準を「契約その他の債務の発生原因及び取引上の社会通念」に求めることとなった（本条1項ただし書）。もっとも，その意味するところは上記中間試案と変わらない。

　以上からすれば，本条1項は，判例・学説上異論を見ない点を明確にすべく規定の整備を行ったにとどまり，従前の実務を変更するものではないと考えるべきである。

2　改正の要点

1）　**第1項について**

　債務不履行に基づく損害賠償請求権の要件について定める原則規定である。

　すなわち，まず，本文は，旧法415条の前段と後段を統合し，①債務者が債務の本旨に従った履行をしない場合，又は②債務の履行が不能な場合に，債務不履行に基づく損害賠償請求権が発生することを定めた。

そして，旧法415条では，帰責事由を明文で要求していたのは②の履行不能の場合だけであったが，①の本旨不履行の場合にも帰責事由が必要なことが明定され，債務不履行に基づく損害賠償請求権一般について債務者の帰責事由が要件になる（判例・通説）ことを明示した。

なお，旧法415条が前段と後段を並列的に規定していたのと異なり，本条では本文とただし書を書き分ける体裁に変更されているため，債権者としては債務が実現していない事実だけを主張・立証すればよく，免責事由の存在を債務者の方で（抗弁として）主張・立証しなければならないことが条文上も明確になっている。

2） **第2項**について

填補賠償請求権の具体的な要件について旧法に明文規定がなかったことから，これを明らかにすべく新設した規定である。

「前項の規定により損害賠償の請求をすることができる場合において」という文言に示されるように，債務不履行に基づく損害賠償請求権の発生要件を満たしても，本項1号ないし3号のいずれかに該当しない限り，填補賠償請求はできない。

まず，1号の履行不能の場合に填補賠償請求ができるのは，このような場合もはや本来の履行を請求することは無意味（不可能）だからであり，従来から異論のなかった点を明文化したものである。

次に，2号の「債務者がその債務の履行を拒絶する意思を明確に表示した」場合に填補賠償請求ができるのは，確定的な履行拒絶があった場合に債務者が本来の債務を履行することは合理的に期待できないからである。これに対し，確定的な履行拒絶とは言えない単なる交渉としての履行拒絶の場合は，それだけでは填補賠償請求権は認められないと解される。

また，3号のうち契約が債務不履行解除されたときに填補賠償請求できる（前段）とするのは，従来から異論がない点を明文化したものである。さらに，債務不履行による解除権が発生したときにも，あえて解除するまでもなく填補賠償請求できるとされた（後段）。

なお，本条により填補賠償請求が認められるとしても，填補賠償として

第6　債務不履行による損害賠償

どこまでの範囲の損害の賠償が認められるかについては，改正民法416条によって判断する必要がある。

3）　**経過措置**について

　施行日前に債務が生じた場合（施行日以後に債務が生じた場合であって，その原因である法律行為が施行日前にされたときを含む）におけるその債務不履行の責任については，なお従前の例による（附則17条1項）。この経過措置は，以下に記載する債務不履行責任等に関する規定についても同様である。

改正条文	改正前条文
（履行遅滞中又は受領遅滞中の履行不能と帰責事由） 第413条の2　＜新設＞ 1　債務者がその債務について遅滞の責任を負っている間に当事者双方の責めに帰することができない事由によってその債務の履行が不能となったときは，その履行の不能は，債務者の責めに帰すべき事由によるものとみなす。 2　債権者が債務の履行を受けることを拒み，又は受けることができない場合において，履行の提供があった時以後に当事者双方の責めに帰することができない事由によって債務の履行が不能となったときは，その履行の不能は，債権者の責めに帰すべき事由によるものとみなす。	なし

改正の要点

1）　**第1項**について

　確立した判例理論の明文化である。

　すなわち債務者に帰責事由ある履行遅滞中に履行不能が生じた場合，不能

第 6 債務不履行による損害賠償

自体につき債務者に帰責事由がなくても，債務者は不能によって生じた損害の賠償責任を負う（大判明 39.10.29 民録 12 輯 1358 頁等参照）。ただし，条文上は明記されなかったが，履行遅滞と履行不能との間に因果関係がない場合は，本条は適用されない（部会資料 79-3・11 頁）。

2) 第 2 項について

債権者の受領遅滞中に生じた履行不能について，たとえ履行不能の発生自体については債権者に帰責事由がなくても，債権者の帰責事由による履行不能とみなすことを定めた。その結果，債権者は契約の解除ができず（543 条），反対給付の履行も拒むことができない（536 条 2 項）。受領遅滞中の履行不能の危険は債権者が負担するという，従来から異論のなかった点を明文化したものである。

改正条文	改正前条文
（代償請求権） 第 422 条の 2　＜新設＞ 　債務者が，その債務の履行が不能となったのと同一の原因により債務の目的物の代償である権利又は利益を取得したときは，債権者は，その受けた損害の額の限度において，債務者に対し，その権利の移転又はその利益の償還を請求することができる。	なし

改正の要点

代償請求権について，判例（最判昭 41.12.23 民集 20 巻 10 号 2211 頁）・通説の明文化を行った。

すなわち，履行不能が生じたときに，不能が生じたのと同じ原因から債務者が目的物の代償である権利又は利益を取得した場合に，債権者は，公平の観点から，債権者が被った損害の限度で債務者からその償還を受けることができる。例えば，賃貸借の目的物であった建物が賃貸中に焼失したときに，賃貸人は，

第6 債務不履行による損害賠償

賃借人が取得した火災保険金請求権の譲渡を請求することができる。なお，履行不能につき債務者に帰責事由があるか否かは問わないこととされた。

改 正 条 文	改正前条文
（損害賠償の範囲） 第416条　＜一部改正＞ 　1　［改正なし］ 　2　特別の事情によって生じた損害であっても，当事者がその事情を<u>予見すべきであった</u>ときは，債権者は，その賠償を請求することができる。	（損害賠償の範囲） 第416条 　1　債務の不履行に対する損害賠償の請求は，これによって通常生ずべき損害の賠償をさせることをその目的とする。 　2　特別の事情によって生じた損害であっても，当事者がその事情を<u>予見し，又は予見することができた</u>ときは，債権者は，その賠償を請求することができる。

改正の要点

　損害賠償の範囲に関して，旧法416条2項の「予見し，又は予見することができたとき」という文言を「予見すべきであったとき」と改めた以外は，従前の規定がそのまま維持された。このように文言を改めたのは，損害賠償の範囲の問題が単なる当事者の認識可能性という事実レベルの問題ではなく，債務者にどこまでの責任を負わせるべきかという規範的価値判断の問題である点を考慮したものである（従前の実務もそのように取り扱っていたと考えられる。）。

　したがって，今後も損害賠償の範囲は，通常損害・特別損害に分けて処理する従来の枠組みによることとなる。また，不法行為（民法709条）による損害賠償の範囲の画定について本条が類推適用されるという従来の判例の立場も維持することが可能である。

旧法416条については，従来より華々しい学説上の解釈論争が存在するが，これについては今後も継続するものと思われる。

第7　契約の解除

改正条文	改正前条文
（催告による解除） 第541条　＜一部改正＞ 　当事者の一方がその債務を履行しない場合において，相手方が相当の期間を定めてその履行の催告をし，その期間内に履行がないときは，相手方は，契約の解除をすることができる。<u>ただし，その期間を経過した時における債務の不履行がその契約及び取引上の社会通念に照らして軽微であるときは，この限りでない。</u>	（履行遅滞等による解除権） 第541条 　当事者の一方がその債務を履行しない場合において，相手方が相当の期間を定めてその履行の催告をし，その期間内に履行がないときは，相手方は，契約の解除をすることができる。

1　改正の方向性

　契約の解除については，中間論点整理の段階までは，催告解除制度を廃止して，重大不履行による無催告解除制度に一本化する考え方が有力であった。

　しかし，実務において催告解除制度が定着していることから，本条は催告解除の原則を維持したうえで，ただし書を追加して「軽微」な不履行については解除できないと定めた。もっともこのただし書は，不履行にかかる債務が全体のうちの「僅少部分」であるなどの場合において解除を否定した判例法理を明文化したに過ぎないと考えられる（後記2参照）。したがって，「軽微」な不履行では解除できないと定めたことが，解除の要件として「重大」な不履行を要求する上記の立場を採用したことに繋がるものではない。

　また，解除の要件として帰責事由は要求されていないが，旧法541条においては帰責事由が明文で要求されていなかったばかりか，実際にも要件として機能していなかったという指摘もあり，結局本条は従来の実務の扱いに実質的な変更を加えるものではないと考えられる。

第 7　契約の解除

2　改正の要点

　債務不履行を理由とする契約解除の要件について，従来どおり催告解除の原則を維持することとし，かつ，不履行が「軽微」な場合には解除できないことを定めた。この「軽微」の意味については，「僅少部分」の不履行すなわち「些細な」不履行についてのみ解除を否定している判例理論を参照して解釈すべきである。なぜなら，催告解除においては，債権者は相当期間を定めた催告をして履行のための猶予を与えており，その期間経過後における不履行がなおも「軽微」であるとして解除の対象とならないとされるのは，実質的には「些細な」不履行に限られると考えられるからである。

　なお，施行日前に契約が締結された場合におけるその契約の解除については，なお従前の例による（附則32条）。この経過措置は，以下に記載する契約の解除に関する規定についても同様である。

改正条文	改正前条文
（催告によらない解除） 第542条　＜全面改正＞ 　1　次に掲げる場合には，債権者は，前条の催告をすることなく，直ちに契約の解除をすることができる。 　(1)　債務の全部の履行が不能であるとき。 　(2)　債務者がその債務の全部の履行を拒絶する意思を明確に表示したとき。 　(3)　債務の一部の履行が不能である場合又は債務者がその債務の一部の履行を拒絶する意思を明確に表示した場合において，残存する部分のみでは契約をした目的を達することができないとき。 　(4)　契約の性質又は当事者の意思表示により，特定の日時又は一定の期間内に履行をしなければ契約をした目的を達するこ	（定期行為の履行遅滞による解除権） 第542条 　契約の性質又は当事者の意思表示により，特定の日時又は一定の期間内に履行をしなければ契約をした目的を達することができない場合において，当事者の一方が履行をしないでその時期を経過したときは，相手方は，前条の催告をすることなく，直ちにその契約の解除をすることができる。

	(履行不能による解除権)
とができない場合において，債務者が履行をしないでその時期を経過したとき。 (5) 前各号に掲げる場合のほか，債務者がその債務の履行をせず，債権者が前条の催告をしても契約をした目的を達するのに足りる履行がされる見込みがないことが明らかであるとき。 2 次に掲げる場合には，債権者は，前条の催告をすることなく，直ちに契約の一部の解除をすることができる。 (1) 債務の一部の履行が不能であるとき。 (2) 債務者がその債務の一部の履行を拒絶する意思を明確に表示したとき。	第543条 　履行の全部又は一部が不能となったときは，債権者は，契約の解除をすることができる。ただし，その債務の不履行が債務者の責めに帰することができない事由によるものであるときは，この限りでない。

改正の要点

1) 第1項について

　本項は，旧法542条及び543条の規律を維持した（4号と1号）上で，もはや催告をする意味がないその他の場合（2号，3号，5号）についても，契約の全部を無催告で解除できる旨を定めた。

　すなわち，債務者が全部の履行を確定的に拒絶した場合（2号）にはもはや催告による猶予期間を与える必要がなく，また，一部不能又は一部履行の確定的拒絶であっても残存する部分のみでは契約の目的を達することができない場合（3号）にも催告の意味がないことから，無催告解除を認めたものである。

　これに対し，5号は「前各号に掲げる場合のほか」と規定して無催告解除についての受け皿規定となっているが（潮見佳男「民法（債権関係）の改正に関する要綱仮案の概要」金融財政事情研究会53頁），その要件として，単に履行がされる見込みがないことが明らかであるにとどまらず，「催告をしても」なお履行される見込みがないことが明らかであることを要求しているので，やはり催告をする意味がない場合に限って催告解除を認めるに過ぎないもの

と解される。

　以上のように，改正民法における解除制度は，あくまで催告解除（541条）が原則であり，無催告で解除できる場合を列挙する本条は，解除における例外規定に位置づけられる。

　なお，解除について債務者の帰責事由が不要となったことで，履行不能を理由とする解除と危険負担との関係をどう処理するかという問題が生じるが，これについては後記第8の危険負担の解説を参照されたい。

2) **第2項について**

　契約の一部について無催告解除ができる場合を定めた。

　一部履行不能又は一部履行拒絶について，契約全部を解除できるか（前項3号）又は一部のみ解除できるか（本項）の分かれ目は，「残存する部分のみでは契約をした目的を達することができない（前項3号）」か否かである。

第8 危険負担

改正条文	改正前条文
［削除］	（債権者の危険負担） 第534条 　1　特定物に関する物権の設定又は移転を双務契約の目的とした場合において，その物が債務者の責めに帰することができない事由によって滅失し，又は損傷したときは，その滅失又は損傷は，債権者の負担に帰する。 　2　不特定物に関する契約については，第401条第2項の規定によりその物が確定した時から，前項の規定を適用する。
［削除］	（停止条件付双務契約における危険負担） 第535条 　1　前条の規定は，停止条件付双務契約の目的物が条件の成否が未定である間に滅失した場合には，適用しない。 　2　停止条件付双務契約の目的物が債務者の責めに帰することができない事由によって損傷したときは，その損傷は，債権者

第 8　危 険 負 担

	の負担に帰する。 3　停止条件付双務契約の目的物が債務者の責めに帰すべき事由によって損傷した場合において，条件が成就したときは，債権者は，その選択に従い，契約の履行の請求又は解除権の行使をすることができる。この場合においては，損害賠償の請求を妨げない。
（債務者の危険負担等） 第 536 条　＜一部改正＞ 1　当事者双方の責めに帰することができない事由によって債務を履行することができなくなったときは，債権者は，<u>反対給付の履行を拒むことができる。</u> 2　債権者の責めに帰すべき事由によって債務を履行することができなくなったときは，債権者は，<u>反対給付の履行を拒むことができない。</u>この場合において，<u>債務者は，自己の債務を免れたことによって利益を得たときは，これを債権者に償還しなければならない。</u>	（債務者の危険負担等） 第 536 条 1　<u>前 2 条に規定する場合を除き，</u>当事者双方の責めに帰することができない事由によって債務を履行することができなくなったときは，債務者は，<u>反対給付を受ける権利を有しない。</u> 2　債権者の責めに帰すべき事由によって債務を履行することができなくなったときは，債務者は，<u>反対給付を受ける権利を失わない。</u>この場合において，自己の債務を免れたことによって利益を得たときは，これを債権者に償還しなければならない。

第8　危険負担

1　改正の方向性

1）旧法第534条及び第535条の削除について

　まず，危険負担における債権者主義を定めた旧法534条を廃止した。

　同条の文言によれば，目的物の引渡前であっても履行不能の危険を債権者に負担させることになってしまう点が不当であるとの批判が従来から強くなされていた。そのため，当事者の意思解釈や同条の縮小解釈により，その適用範囲を狭く画そうとする解釈が改正前から広く支持を得てきたが，今回その方向性を推し進め，同条は廃止されることになった。同条の特則である旧法535条も同時に廃止した。

2）危険負担制度（改正民法536条1項）について

　従来（伝統的見解）は解除に帰責事由を要求していたので，解除は帰責事由のある履行不能，危険負担は帰責事由のない履行不能という形で両制度の守備範囲が分かれていた。

　ところが，541条及び542条の解説で述べたとおり，債務者に帰責事由のない場合でも解除できることが明らかとなり，そのため債務者に帰責事由のない履行不能の場面において，解除と危険負担の規律が重複することになった。そこで，中間論点整理の段階までは，危険負担を廃止して解除に一元化する考え方が有力となっていた。

　しかし，危険負担制度及びその考え方が実務に定着していることから同制度を基本的に維持すべきという意見が有力となり，最終的に，危険負担制度は履行拒絶権として再構成して存続することとなった。このように危険負担の効果を反対債務の消滅ではなくその履行の拒絶に改めたのは，反対債務が当然に消滅すると考えると，契約（及びそこから生じた反対債務）が存在することを前提にこれを消滅させる解除制度との間で不整合が生じかねないので，それを避けるためである。

2　改正の要点

　旧法534条が削除されたが，売買契約については目的物の引渡しの時に危険

第8　危険負担

が移転するのが合理的であるので，その旨が別途規定された（次の第567条を参照）。

改正民法536条は，旧法534条と異なり改正後も存続するが，その効果は，反対債務の消滅から履行拒絶権に変更されている。

したがって，債権者が反対債務を消滅させて契約関係から離脱したいのであれば，契約を解除する（解除通知を到達させる）必要があることに注意を要する。

なお，危険負担制度は任意規定であり，契約書において「債務者の帰責事由なくして債務が履行不能となった場合は，債権者の反対債務は当然に消滅する」旨の合意をすることは差し支えがないと解される。そのような「当然消滅の効果」を望むのであれば，その旨を契約書に明記する必要がある点にも留意する必要がある。

経過措置については，施行日前に締結された契約に係る危険負担については，なお従前の例による（附則30条1項）。

改 正 条 文	改正前条文
（目的物の滅失等に関する危険の移転） 第567条　＜新設＞ 　1　売主が買主に目的物（売買の目的として特定したものに限る。以下この条において同じ。）を引き渡した場合において，その引渡しがあった時以後にその目的物が当事者双方の責めに帰することができない事由によって滅失し，又は損傷したときは，買主は，その滅失又は損傷を理由として，履行の追完の請求，代金の減額の請求，損害賠償の請求及び契約の解除をすることができない。この場合において，買主は，代金の支払を拒むことができない。 　2　売主が契約の内容に適合する目的物をもって，その引渡しの債務の履行を提供したにもかかわらず，買主がその履行を	なし

第 8 危険負担

受けることを拒み，又は受けることができない場合において，その履行の提供があった時以後に当事者双方の責めに帰することができない事由によってその目的物が滅失し，又は損傷したときも，前項と同様とする。	

改正の要点

1) **第 1 項について**

　売買契約における目的物に関する危険の移転時期については，旧法534条が規律（ただし，限定的解釈。旧法534条の解説を参照）していたが，今回の改正で同条が廃止されたことにより，新たに売買契約における危険の移転時期についてルールを定める必要が生じた。そこで，従来の支配的な見解に従い，危険の移転時期を目的物引渡時と定めた。

　本項後段では，目的物の滅失等が目的物引渡後に生じた場合には，改正民法536条1項（危険負担の債務者主義）の規定の適用を排除し，「買主は，代金の支払（反対給付）を拒むことができない」旨を定めた。引渡時に危険が買主（債権者）移転することの帰結である。

2) **第 2 項について**

　本項は，売主が，目的物の引渡しについて履行の提供があったにもかかわらずこれを拒むなどして受領遅滞となった時は，実際に買主が目的物を受領しなくても危険が移転する旨を定めた。従前において受領遅滞の効果として認められていたことを明文化したものである。

3) **経過措置について**

　施行日前に締結された売買契約については，なお従前の例による（附則34条1項）。

第9　債権者代位権

改正条文	改正前条文
（債権者代位権の要件） 第423条　＜一部改正＞ 　1　債権者は，自己の債権を保全するため必要があるときは，債務者に属する権利(以下「被代位権利」という。)を行使することができる。ただし，債務者の一身に専属する権利及び差押えを禁じられた権利は，この限りでない。 　2　債権者は，その債権の期限が到来しない間は，被代位権利を行使することができない。ただし，保存行為は，この限りでない。 　3　債権者は，その債権が強制執行により実現することのできないものであるときは，被代位権利を行使することができない。	（債権者代位権） 第423条 　1　債権者は，自己の債権を保全するため，債務者に属する権利を行使することができる。ただし，債務者の一身に専属する権利は，この限りでない。 　2　債権者は，その債権の期限が到来しない間は，裁判上の代位によらなければ，前項の権利を行使することができない。ただし，保存行為は，この限りでない。
（債権者への支払又は引渡し） 第423条の3　＜新設＞ 　債権者は，被代位権利を行使する場合において，被代位権利が金銭の支払又は動産の引渡しを目的とするものであるときは，相手方に対し，その支払又は引渡しを自己に対してすることを求めることができる。この場合において，相手方が債権者に対してその支払又は引渡しをしたときは，被代位権利は，これによって消滅する。	なし

第9　債権者代位権

(債務者の取立てその他の処分の権限等) 第 423 条の 5　＜新設＞ 　債権者が被代位権利を行使した場合であっても，債務者は，被代位権利について，自ら取立てその他の処分をすることを妨げられない。この場合においては，相手方も，被代位権利について，債務者に対して履行をすることを妨げられない。	なし

改正の要点

1) 第 423 条について
 (1) 第 1 項について
　　改正民法によって，債務者に属する権利（本項において「被代位権利」と定義されている。）の要件を詳しくした。すなわち，「差押えを禁じられた権利」は被代位権利にできないことを明文化した。差押えが禁止された権利の例としては，給与債権の差押禁止部分（民事執行法 152 条）などが挙げられる。
 (2) 第 2 項について
　　旧法では，裁判上の代位の場合には債権者の有する債権の期限が未到来でも被代位権利を行使できるとされていたが，改正民法は，裁判上の代位という制度そのものを廃止した。
 (3) 第 3 項について
　　改正民法は，債権者の有する債権（被保全債権）の要件も詳細に明文化した。すなわち，被保全債権が強制執行により実現できない場合には，債権者は被代位権利を行使できないことが明文化された。被保全債権が強制執行により実現できない場合の例としては，不執行合意のある債権や，いわゆる自然債務が挙げられる。
　　なお，詐害行為取消権においても同様の規定が設けられた（424 条 4 項）。

2) 第423条の3について

　旧法では，代位債権者が被代位権利の対象となった金銭・動産を直接自己に支払又は引き渡すよう請求できること等に関する規定が存在しなかった。改正民法は，被代位権利が金銭の支払又は動産の引渡しを目的とするものであるときは，代位債権者はその支払又は引渡しを自己に対して行うよう請求できることを明文化した。また，直接の支払又は引渡しが行われた場合，その効果として被代位権利は消滅する旨を明文化した。

　なお，詐害行為取消権においても同様の規定を設けた（424条の9）。

3) 第423条の5について

　古い判例には，債権者が代位行使に着手し，債務者がその通知を受けるか，又はその権利行使を了知したときは，債務者は被代位権利の取立てその他の処分の権限を失うとするものがあった（大判昭和14.5.16民集18巻557頁）。

　しかし，債権者が代位行使に着手したことを債務者に通知し又は債務者がそのことを了知したというだけで，債務者が自らの権利の取立てその他の処分の権限を失うとすると，債務者の地位が著しく不安定なものとなる。

　そのため，改正民法は，上記判例を改め，債務者は被代位権利の取立てその他の処分の権限を失わないこととした。なお，この結論は，債権者が債権者代位訴訟を提起した場合であっても例外ではない。この点，かねてから実務では，債務者の取立てその他の処分あるいは弁済受領を禁止するために仮差押えなどがなされており，改正に伴って混乱が生じることはないと思われる。

4) 経過規定について

　施行日前に被代位権利が発生した場合については，なお従前の例による（附則18条1項）。

第9　債権者代位権

改　正　条　文	改正前条文
（登記又は登録の請求権を保全するための債権者代位権） 第423条の7　＜新設＞ 　登記又は登録をしなければ権利の得喪及び変更を第三者に対抗することができない財産を譲り受けた者は，その譲渡人が第三者に対して有する登記手続又は登録手続をすべきことを請求する権利を行使しないときは，その権利を行使することができる。この場合においては，前3条（相手方の抗弁，債務者の取立てその他の処分の権限等，訴えによる代位行使の場合の訴訟告知）の規定を準用する。	なし

改正の要点

　改正民法は，被保全債権が金銭債権以外の債権である場合（いわゆる転用型の債権者代位権）の一類型を明文で規定した。すなわち，登記又は登録の請求権を被保全債権かつ被代位権利とする場合である。

　債権者代位権は，本来的には，債務者の責任財産を保全して強制執行の準備をするための制度であるから，被保全債権としては金銭債権が制度上想定されている。もっとも，被保全債権が金銭債権以外の債権である場合（いわゆる転用型）にも債権者代位権が認められる場合があることは広く承認されてきた。特に，登記請求権を被保全債権とする登記請求権の代位行使は確立した判例法理によって認められていたため，これを明文化したものが本条である。よって，改正前と同様に，その他の転用型の債権者代位権も解釈によって認められうる。

　なお，経過措置については，施行日前に被代位権利が発生した場合には，旧法が適用される（附則18条2項）。

第10 詐害行為取消権

改正条文	改正前条文
（詐害行為取消請求） 第424条 ＜一部改正＞ 　1　債権者は，債務者が債権者を害することを知ってした行為の取消しを裁判所に請求することができる。ただし，その行為によって利益を受けた者<u>（以下この款において「受益者」という。）</u>がその行為の時において債権者を害することを知らなかったときは，この限りでない。 　2　前項の規定は，財産権を目的としない行為については，適用しない。 　<u>3　債権者は，その債権が第1項に規定する行為の前の原因に基づいて生じたものである場合に限り，同項の規定による請求（以下この款において「詐害行為取消請求」という。）をすることができる。</u> 　<u>4　債権者は，その債権が強制執行により実現することのできないものであるときは，詐害行為取消請求をすることができない。</u>	（詐害行為取消権） 第424条 　1　債権者は，債務者が債権者を害することを知ってした<u>法律</u>行為の取消しを裁判所に請求することができる。ただし，その行為によって利益を受けた者<u>又は転得者</u>がその行<u>為又は転得</u>の時において債権者を<u>害すべき事実を</u>知らなかったときは，この限りでない。 　2　前項の規定は，財産権を目的としない<u>法律行為</u>については，適用しない。
（財産の返還又は価格の償還の請求） 第424条の6　＜新設＞ 　1　債権者は，受益者に対する詐害行為取消請求において，債務者がした行為の取消しとともに，その行為によって受益者に移転した財産の返還を請求することができる。受益者がその財産の返還をすることが困難であるときは，債権者は，その価額の償還を請求することができる。	なし

第10　詐害行為取消権

2　債権者は，転得者に対する詐害行為取消請求において，債務者がした行為の取消しとともに，転得者が転得した財産の返還を請求することができる。転得者がその財産の返還をすることが困難であるときは，債権者は，その価額の償還を請求することができる。	
（被告及び訴訟告知） 第424条の7　＜新設＞ 1　詐害行為取消請求に係る訴えについては，次の各号に掲げる区分に応じ，それぞれ当該各号に定める者を被告とする。 (1)　受益者に対する詐害行為取消請求に係る訴え　受益者 (2)　転得者に対する詐害行為取消請求に係る訴え　その詐害行為取消請求の相手方である転得者 2　債権者は，詐害行為取消請求に係る訴えを提起したときは，遅滞なく，債務者に対し，訴訟告知をしなければならない。	なし
（認容判決の効力が及ぶ者の範囲） 第425条　＜一部改正＞ <u>詐害行為取消請求を認容する確定判決は，債務者及びその</u>全ての債権者<u>に対しても</u>その効力を有する。	（詐害行為の取消しの効果） 第425条 　前条の規定による取消しは，すべての債権者の利益のためにその効力を<u>生ずる</u>。

1　改正の方向性

1)　被保全債権の要件明確化

　　被保全債権の要件として，従来の判例では，被保全債権は「詐害行為の前に発生した」ものであることを要するという表現がされてきた（大判大正6.1.30民録23輯1624頁，最判昭和33.2.21民集12巻2号341頁）。

しかし，実際には，詐害行為の前に厳密には具体的な債権が発生していないが債権発生の原因となる事実がすでに発生していたような場合に，詐害行為取消権の行使を認めた判例及び裁判例が存在する。例としては，詐害行為の前に発生していた債権につき詐害行為の後に発生した遅延損害金（最判平成 8.2.8 集民 178 号 215 頁），将来の婚姻費用の支払に関する債権であって調停又は審判によってその支払が決定されたもの（最判昭和 46.9.21 民集 25 巻 6 号 823 頁），並びに詐害行為の行われた後に白地手形の補充がされた場合の手形債権（名古屋高判昭和 56.7.14 判タ 460 号 112 頁）等が挙げられる。

そこで，これらの判例を明文化する見地から，改正民法 424 条 3 項では，詐害「行為の前の原因に基づいて生じた」という表現が用いられた。

2) 詐害行為取消の効果を債務者にも及ぼす

従来の判例は，詐害行為取消の効果は債務者には及ばないとしていた（相対的効力）。

しかし，詐害行為取消の効果が債務者に及ばないとすると，実務上生じるとされている次のような効果と矛盾が生じることが指摘されてきた。たとえば，逸出財産が不動産である場合には，当該不動産の登記名義が債務者の下に戻り債務者の責任財産として強制執行の対象になるとされていることや，債務者の受益者に対する債務消滅行為が取り消された場合には一旦消滅した受益者の債務者に対する債権が回復するとされていることなど（大判昭和 16.2.10 民集 20 巻 79 頁）である。

そこで，改正民法 425 条は，詐害行為取消の効果は債務者にも及ぶものとした。

3) 詐害行為取消訴訟における債務者への訴訟告知義務付け

上記 2) により，詐害行為取消訴訟における債務者の手続保障が問題となった。

すなわち，改正民法では，詐害行為取消の効果が債務者に及ぶことが明文化されたため，債務者に対し詐害行為取消の要件が具備されているか否かを争う機会（手続保障）を与える必要が明確になった。この手続保障の方法としては，債務者をも被告とするよう義務付ける（この場合，固有必要的共同訴

第10　詐害行為取消権

訟となる）方法も考えられる。ところが，そうすると，債務者は実際には詐害行為取消訴訟の帰趨に関心を持たないことも多いため，債権者と受益者・転得者との間で和解の意思が合致しているのに，債務者が出頭しないために裁判上の和解ができないといった実務上の問題が起こることが容易に想定される（必要的共同訴訟では，一部の共同訴訟人のみが和解を行うことはできない）。

　そこで，改正民法では，従来の判例を維持して債務者を被告としないながらも，新たに手続保障として債務者に対する訴訟告知を義務付けることとした。

2　改正の要点

1) **第424条について**

   (1) 第1項について

   　旧法では，詐害行為取消しの対象は「法律行為」と規定されていたが，実際には，時効中断事由としての債務の承認（改正民法第152条第1項）や法定追認の効果を生ずる行為（民法第125条）なども詐害行為取消しの対象と解されている。そこで，本項は，「法律行為」ではなく「行為」という表現に改めた。

   (2) 第3項について

   　上記1の1）を受けて，被保全債権は詐害「行為の前の原因に基づいて生じた」ものであることを要件とした。

   (3) 第4項について

   　債権者代位権に関する改正民法423条3項と同趣旨である。

2) **第424条の6について**

   　詐害行為取消訴訟における取消債権者の請求の内容として，従来の判例（いわゆる折衷説）を明文化する見地から，詐害行為の取消しの請求に加えて逸出財産の返還を請求することができ，また，現物返還が困難な場合は価額償還を請求できることとした。

第10 詐害行為取消権

3) 第424条の7について
(1) 第1項について
　　上記1の3)を受けて，詐害行為取消訴訟の被告は，受益者又は転得者のみであり，債務者を被告とする必要はないことを明文化した。
(2) 第2項について
　　上記1の3)を受けて，債権者は，詐害行為取消請求に係る訴えを提起したときは，債務者に対する訴訟告知を遅滞なく行うことを義務付けられることとなった。

4) 第425条について
　　上記1の2)を受けて，詐害行為取消しの効果は債務者にも及ぶものとした。
　　なお，詐害行為取消しの効果は，債務者のほか，債務者に対する「全ての債権者」にも及ぶとされているが，この「全ての債権者」には，詐害行為の時又は判決確定の時より後に債権者となった者も含まれることが前提となっている（部会資料73Ａ・56頁）。

5) 経過規定について
　　施行日前に詐害行為がされた場合におけるその行為に係る詐害行為取消権については，なお従前の例による（附則19条）。この経過措置は，以下に記載する詐害行為取消権に関する規定についても同様である。

改正条文	改正前条文
（相当の対価を得てした財産の処分行為の特則） 第424条の2　＜新設＞ 　債務者が，その有する財産を処分する行為をした場合において，受益者から相当の対価を取得しているときは，債権者は，次に掲げる要件のいずれにも該当する場合に限り，その行為について，詐害行為取消請求をすることができる。 　(1) その行為が，不動産の金銭への換価そ	なし

第10 詐害行為取消権

の他の当該処分による財産の種類の変更により，債務者において隠匿，無償の供与その他の債権者を害することとなる処分（以下この条において「隠匿等の処分」という。）をするおそれを現に生じさせるものであること。 (2) 債務者が，その行為の当時，対価として取得した金銭その他の財産について，隠匿等の処分をする意思を有していたこと。 (3) 受益者が，その行為の当時，債務者が隠匿等の処分をする意思を有していたことを知っていたこと。	
（特定の債権者に対する担保の供与等の特則） 第424条の3　＜新設＞ 1　債務者がした既存の債務についての担保の供与又は債務の消滅に関する行為について，債権者は，次に掲げる要件のいずれにも該当する場合に限り，詐害行為取消請求をすることができる。 (1) その行為が，債務者が支払不能（債務者が，支払能力を欠くために，その債務のうち弁済期にあるものにつき，一般的かつ継続的に弁済することができない状態をいう。次項第1号において同じ。）の時に行われたものであること。 (2) その行為が，債務者と受益者とが通謀して他の債権者を害する意図をもって行われたものであること。 2　前項に規定する行為が，債務者の義務に属せず，又はその時期が債務者の義務に属しないものである場合において，次に掲げる要件のいずれにも該当するとき	なし

は，債権者は，同項の規定にかかわらず，その行為について，詐害行為取消請求をすることができる。
(1) その行為が，債務者が支払不能になる前30日以内に行われたものであること。
(2) その行為が，債務者と受益者とが通謀して他の債権者を害する意図をもって行われたものであること。

（過大な代物弁済等の特則） 第424条の4　＜新設＞ 　債務者がした債務の消滅に関する行為であって，受益者の受けた給付の価額がその行為によって消滅した債務の額より過大であるものについて，第424条（詐害行為取消請求）に規定する要件に該当するときは，債権者は，前条（特定の債権者に対する担保の供与等の特則）第1項の規定にかかわらず，その消滅した債務の額に相当する部分以外の部分については，詐害行為取消請求をすることができる。	なし
（転得者に対する詐害行為取消請求） 第424条の5　＜新設＞ 　債権者は，受益者に対して詐害行為取消請求をすることができる場合において，受益者に移転した財産を転得した者があるときは，次の各号に掲げる区分に応じ，それぞれ当該各号に定める場合に限り，その転得者に対しても，詐害行為取消請求をすることができる。 (1) その転得者が受益者から転得した者である場合　その転得者が，転得の当時，債務者がした行為が債権者を害することを知っていたとき。	なし

第10　詐害行為取消権

(2) その転得者が他の転得者から転得した者である場合　その転得者及びその前に転得した全ての転得者が，それぞれの転得の当時，債務者がした行為が債権者を害することを知っていたとき。	

1　改正の方向性

1）詐害行為取消しの典型的な場面を類型化

改正民法では，従前と同様に「債権者を害することを知ってした行為」という原則的な要件が維持されているものの，それに加えて，破産法上の否認権（破産法160条〜162条）に対応して，詐害行為の典型的な場面3点における詐害行為取消しの要件を具体的かつ詳細に定めた。また，破産法170条に対応して，転得者に対する詐害行為取消権の要件も明文で定めた。

2）破産法上の否認制度との関連性

このような類型化は，もともと，詐害行為取消権と同様の機能を有する破産法上の否認権につき，その要件が平成16年の破産法改正で見直されたことから始まったものである。

すなわち，否認権の要件が不明確かつ広範であると，経済的危機に直面した債務者と取引をする相手方が否認権を行使される可能性を意識して萎縮してしまう結果，債務者の資金調達や経済活動が阻害され，再建可能性のある債務者が破綻に追い込まれるおそれがあるという問題等を考慮したからであった。ところが，否認権の要件を明確にして限定しても，詐害行為取消権の要件がなお不明確かつ広範であると，取引の時点においては，その取引が詐害行為取消しの対象となるか否か分からず，そのため，経済的危機に直面した債務者と取引をする相手方が同様に萎縮してしまうことになるという指摘があった。

また，否認の対象とならない行為が詐害行為取消しの対象となるという事態が生じ得るため，平時における一般債権者であれば詐害行為取消権を行使

第10　詐害行為取消権

することができるのに，破産手続開始後における破産管財人は否認権を行使することができないという現象（いわゆる逆転現象）が生ずるのは適当ではないとも言われた。

そこで，詐害行為取消権の要件も明確にして限定する方向となったものである。

このような経緯から，改正民法において類型化された詐害行為の規定は破産法上の否認権の規定とほぼ足並みを揃えており，従前の判例法理とは必ずしもそぐわない文言となっている。今後，詐害行為取消しの要件の解釈においては，要件が全く同じというわけではないものの，否認権に関する判断が参照される機会が増えるものと思われる。

2　改正の要点

1) 第424条の2について

1点目の類型として，相当の対価を得てした財産の処分行為における特則を定めた。破産法161条1項と同様の規定である。

なお，改正民法では，破産法161条2項のような規定（内部者が事情を知っていたことの推定規定）は定められていないが，同条項の類推適用や事実上の推定等によって対応が図られることが想定されている（部会資料73A・42頁）。

2) 第424条の3について

(1) 第1項について

2点目の類型として，特定の債権者に対する担保の供与又は債務の消滅に関する行為における特則を定めた。すなわち，そのような行為については，債務者の支払不能後に，債務者と受益者が通謀害意を持って（当然，支払不能であることも知って）行った場合のみ，詐害行為取消しを認めるものである。破産法162条1項1号とほぼ対応している。

(2) 第2項について

2点目の類型のうち，さらに非義務行為等の場合における特則を定めた。

第10 詐害行為取消権

すなわち，非義務行為又は履行期よりも早期の履行であった場合には，詐害行為取消しの対象となる行為が支払不能の30日前までの行為に拡張される。破産法162条1項2号とほぼ対応している。

3) 第424条の4について

3点目の類型として，過大な代物弁済等における特則を定めた。すなわち，代物弁済が行われた場合，それがもし改正民法424条の3（2点目の類型）の要件を満たすならば，当然，債務の消滅に関する行為全体を詐害行為として取り消すことができる。他方で，代物弁済が同条の要件を満たさなくても，債務消滅行為の給付額が債務に対して過大だった場合（過大な代物弁済等）には，過大な差額部分のみ，同法424条1項の「債権者を害することを知ってした行為」として，詐害行為取消の対象になりうることを明らかにした。破産法160条2項と同様の規定である。

4) 第424条の5について

転得者に対する詐害行為取消権の要件を定めた。すなわち，ある転得者並びにそれ以前の受益者及び転得者の全てが，債務者のした行為が債権者を害することを知っていた場合にのみ，その転得者に対する詐害行為取消権の行使を認めるものである。

なお，従前，破産法等における転得者に対する否認権の要件では，「二重の悪意」，すなわち，債務者のした行為が債権者を害することと，それ以前の受益者及び転得者もそれを知っていたことの両方を転得者が知っていたことが必要であるとされていた。しかし，この「二重の悪意」を要件とすることは厳格に過ぎるという批判があったため，今回の民法改正及びこれに伴う破産法等の改正によって，詐害行為取消権においても否認権においても，「二重の悪意」までは要求されないこととした。

第11 多数当事者(保証債務を除く)

改正条文	改正前条文
[削除]	(連帯債務者の一人に対する履行の請求) 第434条 　連帯債務者の一人に対する履行の請求は，他の連帯債務者に対しても，その効力を生ずる。
(連帯債務者の一人との間の更改) 第438条 　[旧法第435条と同じ]	(連帯債務者の一人との間の更改) 第435条 　連帯債務者の一人と債権者との間に更改があったときは，債権は，すべての連帯債務者の利益のために消滅する。
(連帯債務者の一人による相殺等) 第439条　＜一部改正＞ 　1　[旧法第436条第1項と同じ] 　2　前項の債権を有する連帯債務者が相殺を援用しない間は，その連帯債務者の負担部分の限度において，<u>他の連帯債務者は，債権者に対して債務の履行を拒む</u>ことができる。	(連帯債務者の一人による相殺等) 第436条 　1　連帯債務者の一人が債権者に対して債権を有する場合において，その連帯債務者が相殺を援用したときは，債権は，すべての連帯債務者の利益のために消滅する。 　2　前項の債権を有する連帯債務者が相殺を援用しない間は，その連帯債務

第11　多数当事者（保証債務を除く）

	者の負担部分についてのみ他の連帯債務者が相殺を援用することができる。
［削除］	（連帯債務者の一人に対する免除） 第437条 　連帯債務者の一人に対してした債務の免除は，その連帯債務者の負担部分についてのみ，他の連帯債務者の利益のためにも，その効力を生ずる。
（連帯債務者の一人との間の混同） 第440条 　［旧法第438条と同じ］	（連帯債務者の一人との間の混同） 第438条 　連帯債務者の一人と債権者との間に混同があったときは，その連帯債務者は，弁済をしたものとみなす。
［削除］	（連帯債務者の一人についての時効の完成） 第439条 　連帯債務者の一人のために時効が完成したときは，その連帯債務者の負担部分については，他の連帯債務者も，その義務を免れる。
（相対的効力の原則） 第441条　＜一部改正＞ 　第438条（連帯債務者の一人との間の更改），第439条（連帯債務者の一人による相殺等）第1項及び前条（連帯債務者の一人との間の混同）	（相対的効力の原則） 第440条 　第434条から前条までに規定する場合を除き，連帯債務者の一人について生じた事由

第11 多数当事者（保証債務を除く）

に規定する場合を除き，連帯債務者の一人について生じた事由は，他の連帯債務者に対してその効力を生じない。ただし，債権者及び他の連帯債務者の一人が別段の意思を表示したときは，当該他の連帯債務者に対する効力は，その意思に従う。	は，他の連帯債務者に対してその効力を生じない。
（連帯債務者の1人との間の免除等と求償権） 第445条 ＜全面改正＞ 　連帯債務者の1人に対して債務の免除がされ，又は連帯債務者の1人のために時効が完成した場合においても，他の連帯債務者は，その1人の連帯債務者に対し，第442条第1項の求償権を行使することができる。	（連帯の免除と弁済をする資力のない者の負担部分の分担） 第445条 　連帯債務者の1人が連帯の免除を得た場合において，他の連帯債務者の中に弁済をする資力のない者があるときは，債権者は，その資力のない者が弁済をすることができない部分のうち連帯の免除を得た者が負担すべき部分を負担する。

1　改正の方向性

　連帯債務者の一人について生じた事由の効力につき，旧法は，他の連帯債務者の債務に対して影響を及ぼさないこと（相対効）を原則としつつも，他の連帯債務者の債務に対して影響が及ぶ場合（絶対効）を多数定めていた。これは，連帯債務者間には共同事業関係や共同生活関係が存在することが多いことを理由とするものであった。

　しかし，連帯債務者間の関係は様々であり，必ずしも主観的な共同関係が強い場合ばかりではない。また，連帯債務は，債務者が複数存在する場合において，債権の効力を強めるために一種の担保として用いられる制度であるところ，旧法では，免除や時効の完成など債権の効力を弱める行為に絶対効を認めてい

第11　多数当事者（保証債務を除く）

た。そのため，担保力を弱めるのは制度趣旨にそぐわないから，不真正連帯債務と同様に相対効を広く認める解釈を行うべきであるとの意見もあった。

　このような議論状況にかんがみ，改正民法では，絶対効の規定を大幅に削り，相対効の原則を広く適用させる方向とした。ただし，更改・相殺・混同の３つの場合は，債務の履行が行われた場合に近い利益状況であるため，絶対効が維持された。

2　改正の要点

1）旧法第434条（履行の請求）の削除について

　旧法は，債権の効力を弱める絶対的効力事由が多いこととのバランスを理由に，連帯債務者の一人に対する履行の請求を絶対効としていた（債権の効力を強める方向）。

　しかし，改正民法では，債権の効力を弱める絶対的効力事由が減少するため，履行の請求を絶対効とする理由が薄まる。また，履行の請求に絶対的効力を認めると，債権者が他の連帯債務者に履行の請求を行うだけで，履行の請求を受けていない連帯債務者も当然に遅滞に陥ることとなるので，旧法434条はもともと実際上の妥当性を欠いていた。

　そこで，従前の規定を改め，原則通り相対効とした。

2）第439条第2項（相殺援用）について

　旧法下の判例には，連帯債務者のうち反対債権を有する者以外の者による相殺援用（旧法436条2項）について，他の連帯債務者がその反対債権を自動債権とする相殺の意思表示をすることができるとしたものがあった。

　しかし，この判例に対しては，連帯債務者の間で相互に他人の債権を処分することができることになり適当ではないという批判が強かった。そこで，改正民法では，従前の判例を改め，他の連帯債務者は，反対債権を有する連帯債務者の負担部分の限度で，履行を拒絶できるのみであるとした。

3）旧法第437条（免除）の削除について

　連帯債務者の一人に対する免除については，改正民法では，従前の規定を

第 11 多数当事者（保証債務を除く）

削除して相対効の原則に委ねることとした。免除については様々な議論があったが，もし債権者が全ての債務者に対して債務を免除したいのであれば，免除したい債務者のいずれに対しても債務を免除すれば足り，特段の規定を置かなくても問題がないため，結局相対効の原則に落ち着いたものである。

なお，一部の連帯債務者に対して免除がなされ，他の連帯債務者が弁済を行った場合，弁済を行った連帯債務者は，免除を受けた連帯債務者に対して，各自の負担部分について求償請求を行うことができる（改正民法 445 条）。

4）旧法第 439 条（時効の完成）の削除について

連帯債務者の一人についての時効の完成についても，従前の規定を削除して相対効の原則に委ねることとした。なお，一部の連帯債務者について時効が完成して援用がされたが，他の連帯債務者が弁済を行った場合，弁済を行った連帯債務者は，時効を援用した連帯債務者に対して，各自の負担部分について求償請求を行うことができる（改正民法 445 条）。

5）第 441 条（相対的効力の原則）について

改正民法では，従前と同様に相対的効力の原則を定める一方，この規定が任意規定であり，当事者が別段の合意を行うことは妨げられないことを明確にした。

6）経過規定について

施行日前に生じた連帯債務（原因である法律行為が施行日前にされたものを含む）については，なお従前の例による（附則 20 条 2 項）。

第12　保証債務

＜改正民法で追加・変更された保証人保護の規律＞
※太字の条項については，後ほど条文を取り上げて説明する。

条項	対象となる保証契約	効　果	テーマ
458条の2	主債務者の委託を受けた保証・根保証契約	保証人が債権者に対して，主債務（元本・利息等）の不履行の有無・残額・弁済期到来額について，情報提供を請求できる	保証人への情報提供義務
458条の3	個人保証・根保証契約	債権者は，主債務の期限利益喪失を知ってから2か月以内にその旨を保証人に通知しない限り，その通知までに生じた遅延損害金を保証人に請求できない	
465条の2	個人根保証契約	極度額の定めがなければ無効	個人根保証人の責任の範囲を限定
465条の3	個人貸金等根保証契約	元本確定期日が5年を超えると元本確定期日の定めは無効。元本確定期日の定めがなければ元本確定期日は一律3年	
465条の4	個人根保証契約	元本確定事由を法定（主債務者又は保証人が資力を欠くか又は死亡した場合）	
465条の5第1項	法人根保証人の主債務者に対する求償権を保証する個人保証・根保証契約	法人根保証に極度額の定めがなければ，個人保証・根保証は無効	
465条の5第2項	法人貸金等根保証人の主債務者に対する求償権を保証する個人保証・根保証契約	法人根保証に元本確定期日の定めがない又は5年を超えるときは，個人保証・根保証は無効	

第12　保証債務

465条の6 465条の7	①事業のために負担する貸金等債務を主債務とする個人保証・根保証契約	保証契約締結前に，保証人予定者の口授による公正証書を作成しない限り，個人保証・根保証は無効（口授内容は，保証契約・主債務の内容及び保証責任の意義についてである）	事業に係る貸金等債務について，個人保証の契約締結を制限
465条の8	②事業のために負担する貸金等債務を主債務とする保証・根保証に関し，当該保証人の主債務者に対する求償権を保証する個人保証・根保証契約		
465条の9	上記①②	いわゆる経営者保証の場合には，例外的に上記①②の規律が適用されない	
465条の10	事業のために負担する債務を主債務とする個人保証・根保証契約	主債務者が保証人に対して自己の財産状況・他の債務・他の担保につき適切な情報を提供しなかったため，保証人がその誤認により保証契約を締結した場合において，債権者がそれを知り又は知りえたときは，保証人は保証契約を取り消せる	保証人への情報提供義務

用語	定　義	定義を定める条項
根保証契約	一定の範囲に属する不特定の債務を主たる債務とする保証契約	第465条の2第1項
個人根保証契約	根保証契約であって，保証人が法人でないもの ※民法の規定における「法人」は，法人格を有しないが法人と同等に扱うべき団体も含んでいる（部会資料84-3・3頁参照）。	第465条の2第1項
個人貸金等根保証契約	個人根保証契約であって，その債務の範囲に貸金等債務（金銭の貸渡し又は手形の割引を受けることによって負担する債務）が含まれるもの ※旧法における「貸金等根保証契約」（旧法第465条の2）と同一の概念である。	第465条の3第1項

第12 保証債務

改正条文	改正前条文
（個人根保証契約の保証人の責任等） 第465条の2　＜一部改正＞ 1　一定の範囲に属する不特定の債務を主たる債務とする保証契約（以下「根保証契約」という。）であって<u>保証人が法人でないもの（以下「個人根保証契約」という。）</u>の保証人は、主たる債務の元本、主たる債務に関する利息、違約金、損害賠償その他その債務に従たる全てのもの及びその保証債務について約定された違約金又は損害賠償の額について、その全部に係る極度額を限度として、その履行をする責任を負う。 2　<u>個人根保証契約</u>は、前項に規定する極度額を定めなければ、その効力を生じない。 3　第446条（保証人の責任等）第2項及び第3項の規定は、<u>個人根保証契約</u>における第1項に規定する極度額の定めについて準用する。	（貸金等根保証契約の保証人の責任等） 第465条の2 1　一定の範囲に属する不特定の債務を主たる債務とする保証契約（以下「根保証契約」という。）であって<u>その債務の範囲に金銭の貸渡し又は手形の割引を受けることによって負担する債務（以下「貸金等債務」という。）が含まれるもの（保証人が法人であるものを除く。以下「貸金等根保証契約」</u>という。）の保証人は、主たる債務の元本、主たる債務に関する利息、違約金、損害賠償その他その債務に従たるすべてのもの及びその保証債務について約定された違約金又は損害賠償の額について、その全部に係る極度額を限度として、その履行をする責任を負う。 2　<u>貸金等根保証契約</u>は、前項に規定する極度額を定めなければ、その効力を生じない。 3　第446条第2項及び第3項の規定は、<u>貸金等根保証契約における第1項</u>

第12　保証債務

	に規定する極度額の定めについて準用する。
（個人根保証契約の元本の確定事由） 第465条の4　＜一部改正＞ 1　次に掲げる場合には，個人根保証契約における主たる債務の元本は，確定する。ただし，第1号に掲げる場合にあっては，<u>強制執行又は担保権の実行の手続の開始があったときに限る。</u> (1)　債権者が，保証人の財産について，金銭の支払を目的とする債権についての強制執行又は担保権の実行を申し立てたとき。 (2)　保証人が破産手続開始の決定を受けたとき。 (3)　[改正なし] <u>2　前項に規定する場合のほか，個人貸金等根保証契約における主たる債務の元本は，次に掲げる場合にも確定する。ただし，第1号に掲げる場合にあっては，強制執行又は担保権の実行の手続の開始があったときに限る。 (1)　債権者が，主たる債務者の財産について，金銭の支払を目的とする債権についての強制執行又は担保権の実行を申し立てたとき。 (2)　主たる債務者が破産手続開始の決定を受けたとき。</u>	（貸金等根保証契約の元本の確定事由） 第465条の4 　次に掲げる場合には，<u>貸金等根保証契約</u>における主たる債務の元本は，確定する。 (1)　債権者が，<u>主たる債務者又は保証人</u>の財産について，金銭の支払を目的とする債権についての強制執行又は担保権の実行を申し立てたとき。ただし，強制執行又は担保権の実行の手続の開始があったときに限る。 (2)　<u>主たる債務者又は保証人</u>が破産手続開始の決定を受けたとき。 (3)　<u>主たる債務者又は保証人</u>が死亡したとき。

1　改正の方向性

1)　旧法下における規律

　旧法においても，平成16年改正の際に，貸金等根保証契約（改正民法に

おける「個人貸金等根保証契約」と同義）については，①極度額の定めの義務付け，②元本確定期日及び③元本確定事由が定められるなど，一定の保証人保護の規律が設けられていた（根保証の制限。同法465条の2以下）。他方で，貸金等根保証契約は主債務の範囲に貸金等債務が含まれるものに限られるので，それ以外の個人根保証契約（不動産賃貸借に係る賃借人の債務についての個人根保証契約など）については，このような保証人保護の規律がなかった。

2）極度額の定めの義務付けについて——適用対象を拡張

　しかし，根保証の極度額の制限の趣旨は，このような個人根保証契約一般についても当てはまるものと考えられるため，改正民法では，①の極度額の定めの義務付けの適用対象を，個人根保証一般に拡張することとした。

3）元本確定事由について——適用対象をある程度拡張

　他方，③の元本の確定事由の規律（旧法465条の4）については，これを個人根保証一般に拡大することも検討されたが，一部の元本確定事由に関しては異論も存在した。たとえば，賃貸借契約に基づく賃借人の債務を主債務とする個人根保証契約については，主債務者（賃借人）が強制執行を受けるなど賃借人の財産状態の著しい悪化を示す事由が発生しても，債権者（賃貸人）はそのことのみを理由としては賃貸借契約を解除することができない。それ故，これらの場合に元本が確定してしまう（すなわち，それ以降に発生する賃料等の債務が根保証の対象外となる）と，賃貸人に回復しがたい損害が生じるおそれがある。そこで，賃借人の債務に係る保証では，主債務者の財産状態の悪化を示す事由は元本確定事由としないようにするべきであるという意見があった（部会資料83-2・18頁以下参照）。この考え方は，解除が制限される他の継続的契約についても，多少なりとも当てはまりうる。そこで，改正民法では，元本確定事由の規律の趣旨を一定程度個人根保証一般に拡大しつつも，主債務者が強制執行等又は破産手続開始の決定を受けたことは従来どおり個人貸金等根保証契約に限って元本確定事由となることとした。

2 改正の要点

1) 第465条の2について
 (1) 第1項・第2項について

　　上記1の2)のような改正の経緯により，個人根保証契約一般についても極度額の定めが義務付けられた。

　　したがって，今後は，不動産賃貸借に係る賃借人の債務（賃料債務のほか原状回復義務に基づく債務その他一定範囲に属する不特定の債務）を主債務とする個人保証契約は，当然に個人根保証契約となることから極度額を定めなければ無効となるので，注意を要する。継続的な売買取引に係る代金債務の場合も，一定の範囲に属する不特定の債務を主たる債務とする個人根保証契約を締結する場合は，同様である。

 (2) 第3項について

　　改正民法は新たに，保証契約そのものと同様に，個人根保証契約の極度額の定めも，書面又は電磁的記録によって合意しなければその効力を生じないことを規定した。

2) 第465条の4について

　　旧法465条の4では，個人貸金等根保証契約に限り，同条1号から3号の事由が元本確定事由となるとされていた（すなわち，それ以降に発生・取得した債権については根保証では担保されないこととなっていた。）。

　　上記1の3)のような改正の経緯により，本条は，まず1項において，個人根保証一般について，保証人の財産について強制執行又は担保権実行の申立てがされたとき（1号），保証人が破産手続開始の決定を受けたとき（2号），並びに主たる債務者又は保証人が死亡したとき（3号）には，元本が確定するとした。すなわち，これらの元本確定事由は，広く根保証一般について適用されることとなった。

　　そして，本条2項では，主債務者の財産に対する強制執行又は担保権実行の申立て（1号），並びに主債務者の破産手続開始決定（2号）は，従前どおり，個人貸金等根保証債務の場合に限って元本確定事由となるとした。

第12　保証債務

3) 経過規定について

　施行日前に締結された保証契約に係る保証債務については，なお従前の例による（附則21条1項）。この経過措置は，特記がない限り，以下に記載する保証債務に関する規定についても同様である。

改正条文	改正前条文
（公正証書の作成と保証の効力） 第465条の6　＜新設＞ 1　事業のために負担した貸金等債務を主たる債務とする保証契約又は主たる債務の範囲に事業のために負担する貸金等債務が含まれる根保証契約は，その契約の締結に先立ち，その締結の日前1箇月以内に作成された公正証書で保証人になろうとする者が保証債務を履行する意思を表示していなければ，その効力を生じない。 2　前項の公正証書を作成するには，次に掲げる方式に従わなければならない。 (1)　保証人になろうとする者が，次のイ又はロに掲げる契約の区分に応じ，当該イ又はロに定める事項を公証人に口授すること。 　イ　保証契約（ロに掲げるものを除く。） 　　主たる債務の債権者及び債務者，主たる債務の元本，主たる債務に関する利息，違約金，損害賠償その他その債務に従たる全てのものの定めの有無及びその内容並びに主たる債務者がその債務を履行しないときには，その債務の全額について履行する意思（保証人になろうとする者が主たる債務者と連帯	なし

して債務を負担しようとするものである場合には，債権者が主たる債務者に対して催告をしたかどうか，主たる債務者がその債務を履行することができるかどうか，又は他に保証人があるかどうかにかかわらず，その全額について履行する意思）を有していること。

　ロ　根保証契約　　主たる債務の債権者及び債務者，主たる債務の範囲，根保証契約における極度額，元本確定期日の定めの有無及びその内容並びに主たる債務者がその債務を履行しないときには，極度額の限度において元本確定期日又は第465条の4（個人根保証契約の元本確定事由）第1項各号若しくは第2項各号に掲げる事由その他元本を確定すべき事由が生ずる時までに生ずべき主たる債務の元本及び主たる債務に関する利息，違約金，損害賠償その他その債務に従たる全てのものの全額について履行する意思（保証人になろうとする者が主たる債務者と連帯して債務を負担しようとするものである場合には，債権者が主たる債務者に対して催告をしたかどうか，主たる債務者がその債務を履行することができるかどうか，又は他に保証人があるかどうかにかかわらず，その全額について履行する意思）を有していること。

(2)　公証人が，保証人になろうとする者の口述を筆記し，これを保証人になろうとする者に読み聞かせ，又は閲覧させること。

第12　保証債務

(3)　保証人になろうとする者が，筆記の正確なことを承認した後，署名し，印を押すこと。ただし，保証人になろうとする者が署名することができない場合は，公証人がその事由を付記して，署名に代えることができる。 　(4)　公証人が，その証書は前3号に掲げる方式にしたがって作ったものである旨を付記して，これに署名し，印を押すこと。 3　前2項の規定は，保証人となろうとする者が法人である場合には，適用しない。	
（公正証書の作成と保証の効力に関する規定の適用除外） 第465条の9　＜新設＞ 　前3条の規定は，保証人となろうとする者が次に掲げる者である保証契約については，適用しない。 　(1)　主たる債務者が法人である場合のその理事，取締役，執行役又はこれらに準ずる者 　(2)　主たる債務者が法人である場合の次に掲げる者 　　イ　主たる債務者の総株主の議決権（株主総会において決議をすることができる事項の全部につき議決権を行使することができない株式についての議決権を除く。以下この号において同じ。）の過半数を有する者 　　ロ　主たる債務者の総株主の議決権の過半数を他の株式会社が有する場合における当該他の株式会社の総株主の議決権の過半数を有する者 　　ハ　主たる債務者の総株主の議決権の過	なし

半数を他の株式会社及び当該他の株式会社の総株主の議決権の過半数を有する者が有する場合における当該他の株式会社の総株主の議決権の過半数を有する者	
ニ　株式会社以外の法人が主たる債務者である場合におけるイ，ロ又はハに掲げる者に準ずる者	
(3) 主たる債務者（法人である者を除く。以下この号において同じ。）と共同して事業を行う者又は主たる債務者が行う事業に現に従事している主たる債務者の配偶者	

1　改正の方向性

1)　事業に係る貸金等債務について，個人保証を制限

　個人が保証人となる場合のうち，事業のために借り入れた資金の返還に係る債務を主たる債務とする保証については，保証債務が予想を超えて多額になる例が散見される。そのため，主債務者との情誼から保証を行ったにすぎない保証人が責任追及を受けて破綻するなど深刻な問題が生じており，そのような主債務に係る個人保証は，原則的に禁止すべきであるという意見が強く唱えられた（「保証制度の抜本的改正を求める日弁連意見書」平成24.1.20ほか）。

　しかし，他方で，中小企業や中小企業への融資を多く行う金融機関からは，個人保証により貸付を行うことへの強い要望もあった。また，貸金等根保証契約については，保証人の予測可能性を確保するために極度額を定めなければならないなどの手当てがされていること等を踏まえると，事業に関わらない貸金等根保証契約を一律に否定するまでの必要性はないという意見もあった。

　そこで，改正民法では，事業に係る貸金等債務の個人による保証・根保証（以下「事業性の貸金等債務の個人保証」という。）につき，原則的に，保証債

第12　保証債務

務を履行する意思を表示した公正証書の事前作成（以下，本解説文中では「公正証書作成手続」という。）を義務づけて保証人の保証意思の存在を確認することとし，これを行わなければ保証は無効とする方向とした。

2）いわゆる経営者保証における例外

これに対し，いわゆる経営者については，経営の規律付けの必要性があることや，情誼性からの安易な保証が考えにくいこと，及び経営者が主債務者に関する情報を有することから，公正証書作成手続を例外的に免除する方向とした。ただし，この経営者の範囲も大きな論点となった。詳細は第465条の9の解説に譲る。

2　改正の要点

1）第465条の6について

(1) 第1項・第3項について

1項により，事業性の貸金等債務の個人保証については，保証契約締結の1か月前から締結までの間に，保証人予定者が保証債務を履行する意思を表示した公正証書を作成することを原則として義務付け，これに反した場合には保証契約は無効となることを定めた。

なお，実務上は，公正証書作成手続と同一の機会に，保証契約そのものの公正証書の作成が行われるということが想定される。その場合，保証人が，同時に出頭した債権者や主債務者の心理的圧迫を受けて，熟慮しないまま公正証書作成手続に続けて執行認諾文言を付した保証契約締結を行ってしまうおそれも考えられる。それ故，公証人には，保証人の保証意思につき，より一層慎重な確認を行うことが求められる。

(2) 第2項について

保証人になろうとする者は，公証人に対して，本項1号イ及びロに定める事項を口授しなければならないものとした。すなわち，債権者・債務者，主たる債務の元本・利息・違約金等の内容（根保証の場合は主債務の範囲も），主たる債務の履行がなされないときは債務全額（根保証の場合は極度額を

上限とする全額）について履行する意思などを口授することとした。また，連帯保証の場合は，催告の抗弁・検索の抗弁がない旨も口授することとした。

なお，本条及び第465条の7（口がきけない者等についての特則）からも分かるように，保証人予定者の口授等は代理人によって行うことはできず，必ず本人が公証人の面前で行わなければならない。

2） 第465条の9について

(1) 柱書について

いわゆる経営者保証の場合には，例外的に，公正証書作成手続は義務付けられないことされた。このような例外となる，いわゆる経営者保証の範囲については，各号に定めている。

(2) 第1号について

主債務者が法人である場合の「その理事，取締役，執行役又はこれらに準ずる者」を列挙している。これらの者は主債務者の業務執行権限を有するため，経営規律維持等の見地から個人保証制限の例外としたものである。

このような趣旨からも分かるように，「これらに準ずる者」とは，主債務者が株式会社以外の法人（持分会社，一般社団法人，公益社団法人，投資法人又は権利能力なき社団等）である場合における，主債務者の業務執行権限を法令上有している者に限られるものと解される。それ故，たとえ執行役員などの肩書を持っていても，取締役ではない者は含まれないと解される（第97回部会議事録21頁参照。2号ニの文言も参照）。

(3) 第2号について

主債務者が法人である場合の議決権の過半数を有する者及びそれに準ずる者を列挙し，これらも経営規律維持等の観点から個人保証制限の例外とした。

このうちロ及びハは，間接的に議決権の過半数を有する場合を例外に含めたものである。議決権の過半数を判定する際に，自己が議決権の過半数を有する会社の議決権も含めて判定することとしている。

第12 保証債務

(4) 第3号について

　主債務者が個人である場合における，共同事業者と，主債務者の事業に現に従事している主債務者の配偶者を列挙している。

　このうち，共同事業者については，経営規律に関わる者として個人保証制限の例外とした。

　これに対し，共同事業者ではないが事業に現に従事している配偶者については，権限上単なる従業員であるため，経営者保証を例外とする趣旨は必ずしもあてはまらないように思われ，また，情誼性ゆえの安易な保証がまさに問題となるような類型であると思われる。他方で，個人事業主の配偶者を保証人にすることについては，中小企業や中小企業への融資の割合が多い金融機関からの要請が強く，むしろ個人事業主の子などについても公正証書作成手続を不要とすべきであるといった意見もあった。

　このような状況下での政策的な妥協の結果，改正民法では，個人事業主の「事業に現に従事している」配偶者については公正証書作成手続の必要がないという規定になった（すなわち，現在事業に関わっていない配偶者は含まれない）。とはいえ，この「事業に現に従事している」配偶者の意味については，経営規律維持の趣旨に照して，厳格に解釈すべきである。

3) 経過規定について

　公正証書作成手続は，改正の施行日よりも一定期間前の日（政令で定められる）から行うことができる（附則21条2項3項，1条3号）。

改正条文	改正前条文
（契約締結時の情報の提供義務） 第465条の10　＜新設＞ 1　主たる債務者は，事業のために負担する債務を主たる債務とする保証又は主たる債務の範囲に事業のために負担する債務が含まれる根保証の委託をするときは，委託を受ける者に対し，次に掲げる事項に関する情報を提供しなければならない。	なし

(1)　財産及び収支の状況
　(2)　主たる債務以外に負担している債務の有無並びにその額及び履行状況
　(3)　主たる債務の担保として他に提供し，又は提供しようとするものがあるときは，その旨及びその内容
2　主たる債務者が前項各号に掲げる事項に関して情報を提供せず，又は事実と異なる情報を提供したために委託を受けた者がその事項について誤認をし，それによって保証契約の申込み又はその承諾の意思表示をした場合において，主たる債務者がその事項に関して情報を提供せず又は事実と異なる情報を提供したことを債権者が知り，又は知ることができたときは，保証人は，保証契約を取り消すことができる。
3　前2項の規定は，保証をする者が法人である場合には，適用しない。

1　改正の方向性

　事業のために負担する債務を主債務とする保証・根保証契約においては，保証人に対し，主たる債務者の状況につき適切な説明がされなかったために，保証人の当初の予想に反して多額の保証債務の履行を求められるという事態が生じるという問題があった。

　そこで，この点に関する改正の議論の当初は，債権者に，保証契約の時点で保証人に適切な情報を提供する義務を課すことが検討された。しかし，債権者が，主たる債務者の財産その他の秘密情報を保証人に提供できるとする点に問題があるとされたため，最終的には，主たる債務者が自ら保証人にこのような情報を提供する制度とした。

　他方で，情報提供義務の実効性を確保する必要があるため，主たる債務者が

第12　保証債務

誤った情報を提供等した場合には，債権者がそのことについて認識し又は認識できたことを条件に保証を取り消すことができる制度とした。これによって，実際上，債権者が保証人への情報提供に関与せざるを得ない方向としたものである。

2　改正の要点

本条1項は，主たる債務者が，保証人になろうとする者に対し，あらかじめ自己の財産及び収支の状況（1号），他の債務の有無や額及び履行状況（2号），並びに主たる債務の担保として他に提供するものの有無や内容等（3号）に関する情報を提供することを義務付けた。

そして，本条2項は，これらの情報を提供せず，又は事実と異なる情報を提供したことによって，保証人予定者がその情報を誤認し，これによって保証契約が締結された場合に，これらを債権者が知り，又は知ることができたときには，保証人による保証契約の取消ができることとした。このような場合は，第三者による詐欺（改正民法96条2項）に準じて考えることができるからである。

この規定により，債権者にとっては，主たる債務者が保証人に対し情報を提供せず又は誤った情報を提供した場合には，後日保証契約が取り消されてしまうリスクが生じる。

そのため，今後は，債権者は，主たる債務者の保証人に対する情報提供が適切に行われたか否かをチェックして保証契約を締結せざるを得ず，実際上は，この情報提供の際に立ち会って，保証人に情報提供の有無及び内容について確認を求めることが行われるようになると思われる。

以上の規定は，保証人が個人の場合にしか適用されない（3項）。

改 正 条 文	改正前条文
（主たる債務の履行状況に関する情報の提供義務） 第458条の2　＜新設＞ 　保証人が主たる債務者の委託を受けて保証	なし

第12　保証債務

をした場合において，保証人の請求があったときは，債権者は，保証人に対し，遅滞なく，主たる債務の元本及び主たる債務に関する利息，違約金，損害賠償その他その債務に従たる全てのものについての不履行の有無並びにこれらの残額及びそのうち弁済期が到来しているものの額に関する情報を提供しなければならない。	
（主たる債務者が期限の利益を喪失した場合における情報の提供義務） 第458条の3　＜新設＞ 　1　主たる債務者が期限の利益を有する場合において，その利益を喪失したときは，債権者は，保証人に対し，その利益の喪失を知った時から2箇月以内に，その旨を通知しなければならない。 　2　前項の期間内に同項の通知をしなかったときは，債権者は，保証人に対し，主たる債務者が期限の利益を喪失した時から同項の通知を現にするまでに生じた遅延損害金（期限の利益を喪失しなかったとしても生ずべきものを除く。）に係る保証債務の履行を請求することができない。 　3　前2項の規定は，保証人が法人である場合には，適用しない。	なし

改正の要点

1）　第458条の2について

　　保証人は，主債務者の弁済状況や債務残額に大きな利害を持っているところ，これを最も確実に知る方法は，債権者に対して照会することである。しかし，旧法には，保証人が債権者に対して照会した場合に債権者がどの

87

第12　保証債務

ような義務を負うかについて規定がなかったため，金融機関などからも，守秘義務があるため，保証人から照会を受けた事項に回答すべきか否か迷う場合があるとの指摘があった。

　そこで，改正民法では，主債務の履行状況について保証人が知る手段を設けるために，債権者が委託を受けた保証人の照会に応じて一定の情報を提供すべきであることを定めた。提供すべき情報の内容としては，保証人が現時点又は将来に負う責任の内容を把握するために必要なものという観点から，債務不履行の有無，債務残額，及び弁済期が到来した金額とした。他方で，これらの情報は主債務者の信用などに関する情報であるから，債権者に情報提供を請求できる保証人は，主債務者から委託を受けた保証人に限られている。

　この規定は，保証人が法人である場合にも適用される（次条3項参照）。

2）第458条の3について

　旧法においては，主債務者が主債務について債務不履行に陥っても保証人がそれを知り得ない可能性があったところ，債権者からの請求が大幅に遅れた場合には，保証人が長期間にわたる遅延損害金を突然請求されるという酷な結果になることが指摘されていた。

　そこで，本条は，主債務者が期限の利益を喪失した場合に，債権者がそのことを知ってから2カ月以内に保証人にその旨を通知しなければ，通知までに生ずる遅延損害金を保証人に対して請求できないものとした。逆に言えば，債権者が期限の利益喪失を知ってから2カ月以内に通知するならば，債権者は保証人に対し全期間分の遅延損害金を請求できることになる。

　通知期限の起算点が期限の利益喪失時ではなく債権者がそれを知った時点である理由は，支払遅滞以外の期限の利益喪失事由（たとえば，主債務者が差押えを受けたことが期限の利益喪失事由として契約の中に定められていることがある）が発生した場合，債権者がそれをすぐに知りえるとは限らないからである。

　この規律は，保証人が個人の場合にしか適用されない（3項）。

第13　債権譲渡

改正条文	改正前条文
（債権の譲渡性） 第466条　＜全面改正＞ 　1　（改正なし） 　2　当事者が債権の譲渡を禁止し，又は制限する旨の意思表示（以下「譲渡制限の意思表示」という。）をしたときであっても，債権の譲渡は，その効力を妨げられない。 　3　前項に規定する場合には，譲渡制限の意思表示がされたことを知り，又は重大な過失によって知らなかった譲受人その他の第三者に対しては，債務者は，その債務の履行を拒むことができ，かつ，譲渡人に対する弁済その他の債務を消滅させる事由をもってその第三者に対抗することができる。 　4　前項の規定は，債務者が債務を履行しない場合において，同項に規定する第三者が相当の期間を定めて譲渡人への履行の催告をし，その期間内に履行がないときは，その債務者については，適用しない。	（債権の譲渡性） 第466条 　1　債権は，譲り渡すことができる。ただし，その性質がこれを許さないときは，この限りでない。 　2　前項の規定は，当事者が反対の意思を表示した場合には，適用しない。ただし，その意思表示は，善意の第三者に対抗することができない。
（預金債権又は貯金債権に係る譲渡制限の意思表示の効力） 第466条の5　＜新設＞ 　1　預金口座又は貯金口座に係る預金又は貯金に係る債権（以下「預貯金債権」という。）について当事者がした譲渡制限の意思表示は，第466条（債権の譲渡性）第2	なし

第13　債権譲渡

項の規定にかかわらず，その譲渡制限の意思表示がされたことを知り，又は重大な過失によって知らなかった譲受人その他の第三者に対抗することができる。
2　前項の規定は，譲渡制限の意思表示がされた預貯金債権に対する強制執行をした差押債権者に対しては，適用しない。

1　改正の方向性

　旧法下では，債権譲渡禁止特約の効力を絶対的無効とするのが判例通説であった。
　しかし，近時の判例（最判平成21.3.27民集63巻3号449頁）には，譲渡人がこの特約による無効を主張できない旨を判示したものがあり，学説上も，絶対的無効説が債権譲渡担保などによる資金調達の障害となっていることなどを背景に，この特約の効力を限定する見解が有力となった。
　そこで，改正民法は，この特約が，債権譲渡に伴う事務手続の煩雑さ等を回避するなど「履行の相手方を固定する」という債務者の利益を保護するものに過ぎないとする立場に立ち，譲渡禁止特約の付いた債権であっても譲渡自体は有効としつつ，その上で債務者のこのような利益を保護するための規定を定める方向とした。

2　改正の要点

1)　第466条について
　(1)　第2項について
　　　債権譲渡の自由の原則（本条1項）を重視し，債権譲渡は譲渡制限特約があっても有効であることを明文化した。なお，改正民法は譲渡禁止特約のことを「譲渡制限の意思表示」と表現しているが，これは「譲渡禁止」という表現には絶対的無効説のイメージがあることを考慮したものである

(以下,「譲渡制限特約」という)。

(2) 第3項について

　譲渡制限特約付きの債権が譲渡された場合に,同特約の存在を知り,又は重大な過失により知らなかった債権の譲受人その他の第三者(以下,債権譲渡の解説では「譲受人等」という)に対する債務者の支払い拒絶権などの抗弁権(以下「特約の抗弁(権)」という)を定めた。これは「履行の相手方を固定する」という債務者の利益を保護した趣旨である。

　なお,悪意者のみならず重過失のある者も特約の抗弁の対抗を受ける点は,旧法466条2項ただし書についての判例の考え方(重過失のある善意の譲受人に譲渡制限特約を対抗できる)を踏襲するものである。

(3) 第4項について

　履行遅滞に陥っている債務者が履行の催告に応じない場合には,もはや特約の抗弁権による保護に値しないものと考えられる。そこで,「譲渡人」(譲受人ではない)に対する履行について相当期間を定めた催告をしたにもかかわらず,これに応じない債務者については特約の抗弁権を認めないこととした。債権が譲受人に譲渡されている以上,譲渡人にはもはや債務者に対して履行を求めるインセンティブはなく,他方で債務者が譲受人に特約の抗弁を対抗して債務の履行を免れようとするおそれがあるので,かかる履行の催告をする権利を譲受人等に与えたものである。

2) 第466条の5について

　預貯金債権の場合,頻繁に口座への入出金が行われるので,改正民法466条2項及び3項をそのまま適用すると大きな混乱が生じるとされ,預貯金債権についてのみ同条の例外を規定した。この改正民法466条の5の文言上は,譲渡制限特約を知り又は重大な過失により知らなかった譲受人等に対して特約の抗弁を対抗できる旨が規定されているが,預貯金債権について譲渡制限特約が付されていることは周知の事実である(最判昭和48.7.19民集27巻7号823頁)ので,譲受人等は常に特約の抗弁の対抗を受けることになり,結局のところ債権譲渡は効力を生じないこととなる。

第13 債権譲渡

3） 経過措置について

施行日前に債権の譲渡の原因である法律行為がされた場合におけるその債権の譲渡については，なお従前の例による（附則22条）。この経過措置は，以下に記載する債権譲渡に関する規定についても同様である。

改 正 条 文	改正前条文
（譲渡制限の意思表示がされた債権に係る債務者の供託） 第466条の2　＜新設＞ 　1　債務者は，譲渡制限の意思表示がされた金銭の給付を目的とする債権が譲渡されたときは，その債権の全額に相当する金銭を債務の履行地（債務の履行地が債権者の現在の住所により定まる場合にあっては，譲渡人の現在の住所を含む。次条において同じ。）の供託所に供託することができる。 　2　前項の規定により供託をした債務者は，遅滞なく，譲渡人及び譲受人に供託の通知をしなければならない。 　3　第1項の規定により供託をした金銭は，譲受人に限り，還付を請求することができる。	なし
第466条の3　＜新設＞ 　前条第1項に規定する場合において，譲渡人について破産手続開始の決定があったときは，譲受人（同項の債権の全額を譲り受けた者であって，その債権の譲渡を債務者その他の第三者に対抗することができるものに限る。）は，譲渡制限の意思表示がされたことを知り，又は重大な過失によって知らなかったときであっても，債務者にその債権の全額に相当する金銭を債務の履行地の供託所に供託させる	なし

第13　債権譲渡

ことができる。この場合においては，同条第2項及び第3項の規定を準用する。	
（譲渡制限の意思表示がされた債権の差押え） 第466条の4　＜新設＞ 　1　第466条（債権の譲渡性）第3項の規定は，譲渡制限の意思表示がされた債権に対する強制執行をした差押債権者に対しては，適用しない。 　2　前項の規定にかかわらず，譲受人その他の第三者が譲渡制限の意思表示がされたことを知り，又は重大な過失によって知らなかった場合において，その債権者が同項の債権に対する強制執行をしたときは，債務者は，その債務の履行を拒むことができ，かつ，譲渡人に対する弁済その他の債務を消滅させる事由をもって差押債権者に対抗することができる。	なし

改正の要点

1）　第466条の2について

（1）　第1項について

　債務者においては，譲受人が譲渡制限特約の存在を知っていたかどうかが分からず，特約の抗弁に基づく履行拒絶に踏み切れない場合も想定される。そこで，債務者の利益保護のため，金銭債権に限って，譲渡制限特約付債権が譲渡されたときには債務者の供託を認めることとした。ただし，その債権の全額に相当する金銭を供託しなければならない。

　なお，譲渡制限特約があっても債権譲渡自体は有効である（改正民法466条2項）ので，債権譲渡の通知を受けた債務者は「債権者不確知」とはいえず，これによる供託（民法494条2項）の要件は満たさないので，供託原因の記載の際には注意を要する。

第13　債権譲渡

　(2)　第2項について
　　　供託したことについて，債権の譲渡人と譲受人の双方への通知を義務付けることとした。
　(3)　第3項について
　　　譲渡制限特約付きの債権の譲渡が有効であることの帰結として，還付請求権が譲受人のみに帰属することとした。
2)　第466条の3について
　　譲渡制限特約付きの金銭債権が譲渡され，譲渡人について破産手続開始の決定があった場合に，債務者が譲渡人の破産管財人への弁済をもって譲受人に対抗できるとすると，譲受人による債権の全額の回収が困難となるおそれがある。そこで，譲渡人の破産開始決定後は，譲受人が債務者に対して「金銭債権の全額に相当する金銭」を供託するよう請求できることとした。
3)　第466条の4について
　(1)　第1項について
　　　私人間の合意により差押禁止債権を作出することを認めるべきでないという判例の考え方を明文化し，強制執行をした差押債権者に対しては，譲渡制限特約を理由とする抗弁を認めないこととした。なお，約定担保権に基づく差押の場合には，本条項は適用されない（部会資料74Ａ・5頁）。
　(2)　第2項について
　　　債務者が譲受人に対して主張し得る事由は，その譲受人の差押債権者に対しても主張し得ることとした。これは，譲受人の差押債権者が，譲受人が有する権利（特約の抗弁付き債権）以上の権利を取得できるものとすべきでないからである。なお，同項が，「譲受人の債権者」ではなく「第三者の債権者」と規定しているのは，譲受債権の質権者などを想定している。

第13 債権譲渡

改正条文	改正前条文
（債権の譲渡における債務者の抗弁） 第468条　＜全面改正＞ 　1　債務者は，対抗要件具備時までに譲渡人に対して生じた事由をもって譲受人に対抗することができる。 　2　第466条（債権の譲渡性）第4項の場合における前項の規定の適用については，同項中「対抗要件具備時」とあるのは，「第466条第4項の相当の期間を経過した時」とし，第466条の3（譲渡制限の意思表示がされた債権に係る債務者の供託）の場合における同項の規定の適用については，同項中「対抗要件具備時」とあるのは，「第466条の3の規定により同条の譲受人から供託の請求を受けた時」とする。	（指名債権の譲渡における債務者の抗弁） 第468条 　1　債務者が異議をとどめないで前条の承諾をしたときは，譲渡人に対抗することができた事由があっても，これをもって譲受人に対抗することができない。この場合において，債務者がその債務を消滅させるために譲渡人に払い渡したものがあるときはこれを取り戻し，譲渡人に対して負担した債務があるときはこれを成立しないものとみなすことができる。 　2　譲渡人が譲渡の通知をしたにとどまるときは，債務者は，その通知を受けるまでに譲渡人に対して生じた事由をもって譲受人に対抗することができる。

改正の要点

1）第1項について

　旧法468条第1項前段は，異議なき承諾による債務者の抗弁権喪失を認めていた。

しかし，債務者が，債権譲渡につき異議なき承諾という観念の通知をしただけで抗弁権を失うこととするのは，債務者の意思に反しその保護に欠けることとなる。

そこで，改正民法は，旧法468条1項前段の規定を削除し，債務者が，意思表示によって抗弁権を放棄することは格別，そのような意思表示をしていない場合には，対抗要件を具備するまでに生じていた抗弁権を引き続き行使可能であることとした。この点，事前の包括的な抗弁放棄の意思表示が認められるか否かも議論されたが，少なくとも債務者が抗弁権の存在を知り得ないような場合にまで事前の放棄を認めるのは，本条の趣旨にそぐわないと思われる。

なお，「債権譲渡と相殺」に関する改正民法469条の規定については「差押えと相殺」についての改正民法511条の関連論点として解説している。

2）第2項について

改正民法466条4項の場合における前項の規定の適用について，同項の「対抗要件具備時」を466条4項の「相当の期間を経過した時」と読み替える旨の規定であり，譲受人が債務者に直接に履行請求ができるようになった時点までに既に生じていた抗弁事由を引き続き譲受人に対抗することが可能であるとした。改正民法466条の3の供託の請求についても同様とした。

第14 弁 済

改 正 条 文	改正前条文
（弁済） 第473条 ＜新設＞ 　債務者が債権者に対して債務の弁済をしたときは，その債権は，消滅する。	なし
（第三者の弁済） 第474条 ＜全面改正＞ 　1　債務の弁済は，第三者もすることができる。 　2　弁済をするについて正当な利益を有する者でない第三者は，債務者の意思に反して弁済をすることができない。ただし，債務者の意思に反することを債権者が知らなかったときは，この限りでない。 　3　前項に規定する第三者は，債権者の意思に反して弁済をすることができない。ただし，その第三者が債務者の委託を受けて弁済をする場合において，そのことを債権者が知っていたときは，この限りでない。 　4　前3項の規定は，その債務の性質が第三者の弁済を許さないとき，又は当事者が第三者の弁済を禁止し，若しくは制限する旨の意思表示をしたときは，適用しない。	（第三者の弁済） 第474条 　1　債務の弁済は，第三者もすることができる。ただし，その債務の性質がこれを許さないとき，又は当事者が反対の意思を表示したときは，この限りでない。 　2　利害関係を有しない第三者は，債務者の意思に反して弁済をすることができない。

第14 弁済

（債務の履行の相手方） 第478条 ＜一部改正＞ 　<u>受領権者（債権者及び法令の規定又は当事者の意思表示によって弁済を受領する権限を付与された第三者をいう。以下同じ。）以外の者であって取引上の社会通念に照らして受領権者と認められる外観を有するもの</u>に対してした弁済は，その弁済をした者が善意であり，かつ，過失がなかったときに限り，その効力を有する。	（債権の準占有者に対する弁済） 第478条 　債権の準占有者に対してした弁済は，その弁済をした者が善意であり，かつ，過失がなかったときに限り，その効力を有する。
［削除］	（受取証書の持参人に対する弁済） 第480条 　受取証書の持参人は，弁済を受領する権限があるものとみなす。ただし，弁済をした者がその権限がないことを知っていたとき，又は過失によって知らなかったときは，この限りでない。

改正の要点

1) 第473条について

　債務が弁済によって消滅することを明文化した。

2) 第474条について

　(1) 第2項について

　　本文は旧法474条2項の規律から実質的な変更はない。なお，旧法474条2項の「利害関係を有しない第三者」について，改正民法は，民法500条の記載に合わせ「弁済をするについて正当な利益を有する者でない第三者」に改めている。

また、旧法472条4項のように債務者の意思によって弁済の効力が影響を受けるとした場合、債務者の意思を知らない債権者の保護に欠けることとなるため、改正民法は、債権者が債務者の意思に反する弁済であることを知らなかったときは弁済は有効となることとした。

(2) 第3項について

本文は、債務者の意思に反しないものであっても、債権者は原則として、正当な利益を有する者でない第三者の弁済について、受領を拒絶できることとした。

また、同項ただし書は、例外として「債務者の委託を受けてするもので、債権者がそのことを知っていた場合」には、第三者弁済を拒絶できないこととした。

3) 第478条について

旧法478条の「債権の準占有者」の意義が分かりにくいことから、改正民法は「受領権者以外の者であって取引上の社会通念に照らして受領権者と認められる外観を有するもの」と改めた。そして、債権者の外観を有する者のほか、債権者を代理して弁済を受領する権限を有する外観を有する者も同様に扱うこととした。なお、本条項の外観法理は、表見代理の外観法理とは違い、真の権利者の帰責性は要求していない。

4) 旧法第480条の削除について

「受領権者以外の者であって取引上の社会通念に照らして受領権者と認められる外観を有するもの」には真正の受取証書の持参人も含まれることから、旧法480条は削除した。

5) 経過措置について

施行日前に債務が生じた場合（施行日以降に債務が生じた場合であって、その原因である法律行為が施行日前にされたときを含む）におけるその債務の弁済については、なお従前の例による（附則25条1項）。この経過措置は、以下に記載する弁済に関する規定についても同様である。

第14 弁済

改正条文	改正前条文
（担保保存義務） 第504条　＜一部改正＞ 1　弁済をするについて正当な利益を有する者（以下この項において「代位権者」という。）がある場合において，債権者が故意又は過失によってその担保を喪失し，又は減少させたときは，その代位権者は，代位をするに当たって担保の喪失又は減少によって償還を受けることができなくなる限度において，その責任を免れる。その代位権者が物上保証人である場合において，その代位権者から担保の目的となっている財産を譲り受けた第三者及びその特定承継人についても，同様とする。 2　前項の規定は，債権者が担保を喪失し，又は減少させたことについて，取引上の社会通念に照らして合理的な理由があると認められるときは，適用しない。	（債権者による担保の喪失等） 第504条 　第500条の規定により代位をすることができる者がある場合において，債権者が故意又は過失によってその担保を喪失し，又は減少させたときは，その代位をすることができる者は，その喪失又は減少によって償還を受けることができなくなった限度において，その責任を免れる。

改正の要点

1) 第1項について

　本文は，実質的に旧法504条からの変更はない。ただし書は，判例が担保減少後に新たに物上保証人となった者にも担保保存義務違反の効果が及ぶことを認めている（最判平成3.9.3民集45巻7号1121頁）ことを踏まえ，これを明文化したものである。

2) 第2項について

　担保の喪失・減少につき合理的な理由がある場合には，担保保存義務違反の効果が生じないこととした。この点，判例は，金融機関が担保保存義務免除特約を締結している場合に，この特約が取引通念から見て合理性を有し代

位権者の正当な期待を奪うものでない限り有効であるとしており，このような合理性がない場合には担保保存義務が免除されない旨を示している（最判平成7.6.23民集49巻6号1731頁ほか）。本項は，この判例の趣旨を明文化するものである。

第15 相　殺

改 正 条 文	改正前条文
（不法行為等により生じた債権を受働債権とする相殺の禁止） 第509条　＜全面改正＞ 　次に掲げる債務の債務者は，相殺をもって債権者に対抗することができない。ただし，その債権者がその債務に係る債権を他人から譲り受けたときは，この限りでない。 　（1）　悪意による不法行為に基づく損害賠償の債務 　（2）　人の生命又は身体の侵害による損害賠償の債務（前号に掲げるものを除く。）	（不法行為により生じた債権を受働債権とする相殺の禁止） 第509条 　債務が不法行為によって生じたときは，その債務者は，相殺をもって債権者に対抗することができない。

改正の方向性

　旧法509条の趣旨は，被害者の救済の実現を図り，かつ，報復的な不法行為により債権者が損害賠償債務を意図的に生じさせることを防ぐことにあった。
　しかし，まず，双方過失の不法行為による物的損害の場合にも相殺を禁止する（最判昭和49.6.28民集28巻5号666頁）ことは合理性を欠くとの批判が強く，人身損害についてのみ現実的な救済を図れば足りるとされた。また，報復的な不法行為を防止するのであれば，損害を与える意図を有する「悪意」の不法行為の場合に相殺を禁止すれば足りるとされた。

改正の要点

1）　第1号について
　　相殺禁止の対象となる不法行為による損害賠償債務を，「悪意」（損害を与える意図）によるものに限定することとした。

2) 第2号について

　生命・身体の侵害を受けた者については現実の損害賠償を受けさせる必要性が高いことから，不法行為だけでなく債務不履行による損害賠償債務も含めて相殺禁止の対象とすることとした。

3) ただし書について

　各号記載の損害賠償債務であっても，当該債務に係る債権を譲り受けた者に対しては相殺可能であることとした。

4) 経過措置について

　施行日前に債権が生じた場合（施行日後以後に債権が生じた場合であって，その原因である法律行為が施行日前にされたときを含む）におけるその債権を受働債権とする相殺については，なお従前の例による（附則26条2項）。

改正条文	改正前条文
（差押えを受けた債権を受働債権とする相殺の禁止） 第511条　＜一部改正＞ 1　差押えを受けた債権の第三債務者は，差押え後に取得した債権による相殺をもって差押債権者に対抗することはできないが，差押え前に取得した債権による相殺をもって対抗することができる。 2　前項の規定にかかわらず，差押え後に取得した債権が差押え前の原因に基づいて生じたものであるときは，その第三債務者は，その債権による相殺をもって差押債権者に対抗することができる。ただし，第三債務者が差押え後に他人の債権を取得したときは，この限りでない。	（支払の差止めを受けた債権を受働債権とする相殺の禁止） 第511条 　支払の差止めを受けた第三債務者は，その後に取得した債権による相殺をもって差押債権者に対抗することができない。
関連論点（債権の譲渡における相殺権） 第469条　＜新設＞ 1　債務者は，対抗要件具備時より前に取	なし

得した譲渡人に対する債権による相殺を
もって譲受人に対抗することができる。
2　債務者が対抗要件具備時より後に取得
した譲渡人に対する債権であっても，そ
の債権が次に掲げるものであるときは，
前項と同様とする。ただし，債務者が対
抗要件具備時より後に他人の債権を取得
したときは，この限りでない。
(1)　対抗要件具備時より前の原因に基づい
て生じた債権
(2)　前号に掲げるもののほか，譲受人の取
得する債権の発生原因である契約に基づ
いて生じた債権
3　第466条（債権の譲渡性）第4項の場合
における前2項の規定の適用については，
これらの規定中「対抗要件具備時」とあ
るのは，「第466条第4項の相当の期間を
経過した時」とし，第466条の3（譲渡制
限の意思表示がされた債権に係る債務者の供
託）の場合におけるこれらの規定の適用
については，これらの規定中「対抗要件
具備時」とあるのは，「第466条の3の規
定により同条の譲受人から供託の請求を
受けた時」とする。

1　改正の方向性

(1)　差押え又は債権譲渡（以下，この解説では「差押え等」という）と相殺の優劣については，旧法は511条の定めしかなかったため，相殺の担保的効力に配慮したこれまでの判例の考え方（いわゆる無制限説）を明文化することとした。
(2)　さらに，委託を受けた保証人が，破産手続開始決定（差押え等と同視で

きる）後に保証債務を履行したことにより生じた求償権を自働債権として相殺できるとした判例（最判平成24.5.28判時2156号46頁）の考え方を受けて，差押え等の後に取得した債権であっても，差押え等の「前の原因」に基づいて生じた債権であれば，これをもって相殺できる旨を明文化した（改正民法511条2項及び469条2項1号）。

(3) のみならず，債権譲渡については，債権譲渡後も譲渡人と債務者との取引が継続することが想定され，取引の継続が通常は想定されない差押えに比して相殺の期待を保護する必要性が高いため，将来債権の譲渡の場合を念頭に，無制限説の規律をより進めることとした（改正民法469条2項2号）。

2　改正の要点

1) 第511条について

(1) 第1項について

　　旧法511条に加え，反対解釈（受働債権の差押えに対し，差押え前に取得した自働債権による相殺をもって対抗することができる）をも明文化した。

(2) 第2項について

　　本文は，上記1(2)の考え方をもとに，差押え後に取得した自働債権であっても，差押え「前の原因」により生じたものである場合は相殺を認めることとした。ただし，第三債務者が，差押え後に他人の債権を譲り受けた場合には，かかる期待を保護する必要がないため，相殺を認めていない（本条ただし書）。

(3) 経過措置について

　　施行日前の原因に基づいて債権が生じた場合におけるその債権を自働債権とする相殺については，なお従前の例による（附則26条3項）。

2) 第469条について

(1) 第1項について

　　債権譲渡と相殺の優劣関係について，無制限説を明文化した。

第 15　相　殺

(2) 第 2 項について

　本項 1 号は，上記 1(2)の考え方をもとに，債権譲渡の対抗要件具備時より「前の原因」に基づいて生じた債権による相殺ができることを明文化したものである。

　本項 2 号は，上記 1(3)の考え方をもとに，対抗要件具備時より前の原因に基づく債権ではないものの，それが「譲受人の取得する債権の発生原因である契約に基づいて生じた債権」であれば，これを自働債権とする相殺ができる旨を定めた。これは，例えば，将来の売買代金債権が譲渡された後に，当該売買代金を発生させる売買契約の目的物に「契約内容に適合しない」部分（瑕疵）が生じたときは，買主が取得する損害賠償請求権（改正民法 564 条及び 415 条）をもって，譲渡された売買代金債権との間で相殺できるとするものである（部会資料 74 Ａ・15 頁）。

(3) 経過措置について

　施行日前に債権の譲渡の原因である法律行為がされた場合におけるその債権の譲渡については，なお従前の例による（附則 22 条）。

第16 定型約款

改正条文	改正前条文
（定型約款の合意） 第548条の2 ＜新設＞ 　1　定型取引（ある特定の者が不特定多数の者を相手方として行う取引であって，その内容の全部又は一部が画一的であることがその双方にとって合理的なものをいう。以下同じ。）を行うことの合意（次条において「定型取引合意」という。）をした者は，次に掲げる場合には，定型約款（定型取引において，契約の内容とすることを目的としてその特定の者により準備された条項の総体をいう。以下同じ。）の個別の条項についても合意をしたものとみなす。 ⑴　定型約款を契約の内容とする旨の合意をしたとき。 ⑵　定型約款を準備した者（以下「定型約款準備者」という。）があらかじめその定型約款を契約の内容とする旨を相手方に表示していたとき。 　2　前項の規定にかかわらず，同項の条項のうち，相手方の権利を制限し，又は相手方の義務を加重する条項であって，その定型取引の態様及びその実情並びに取引上の社会通念に照らして第1条第2項に規定する基本原則に反して相手方の利益を一方的に害すると認められるものについては，合意をしなかったものとみなす。	なし

第16　定型約款

1　改正の方向性

1）　現代社会では約款による取引が大量・頻繁に行われているにも関わらず，民事基本法たる民法に約款ルールが定められていないことは，重大な不備と言わざるを得なかった。

　また，そのような状況であるため，旧法下において，火災保険の加入者は反証のない限り約款の内容による意思で契約をしたものと推定すべきであるとした判例（大判大正4.12.24民録21輯2182頁）がありながら，他方で当事者が約款の内容を認識していないとして約款の効力を否定した裁判例（札幌地判昭和54.3.30判時941号111頁）があるなど，約款に関するルールが不透明で不安定な状況であった。

　さらに，約款に関して，「債務者に故意又は重大な過失がある場合であってもその損害賠償責任を低額で限定する」旨の条項が不当条項として排除されるとした判例（最判平成15.2.28判タ1127号112頁ほか）の存在も一般国民には知られていない。そのために，同様の事案において不当条項排除による救済を受けることができなかった者も存すると思われる。

　さらに，このような約款は，事業者と消費者間の契約のみならず事業者間契約においても見られる。たとえば，事業者間においてコンピュータソフトウェア利用規約に係る契約を締結した場合も，この規約は約款に当たると思われる（部会資料86−2・2頁は定型約款に当たるとする）。

　そこで，消費者契約法ではなく民法に約款に関するルールを設け，約款に関する規律を透明化及び安定化させ，かつ，不当条項排除などの救済を国民や事業者が受けやすくする必要があった。

2）　契約の一般原則から言えば，本来は「合意なくして拘束なし」であるべきところ，定型約款については一般国民などの相手方（以下，定型約款の解説においては「相手方」という）は，その条項の内容を認識していない場合が圧倒的に多く，このような場合には合意原則の例外を認めざるを得ない。

　そこで，定型約款については，一方で，一定の要件のもとで合意したものとみなし（以下「みなし合意」という），他方で，不当条項をみなし合意から

第16　定型約款

排除して，相手方が一方的な不利益を受けないようにする必要があった（不当条項規制）。

　また，当該定型約款に含まれていることが相手方にとって通常は予測できない条項についても，同様に信義則に反する場合にはみなし合意から排除する必要があった（不意打ち条項規制）。

2　改正の要点

1) 定型約款の概念について

　今回の改正の議論の過程では，広く約款に関するルールを定めることが提案されていた（中間試案補足365頁以下）。そこにおいて，約款とは「多数の相手方との契約の締結を予定してあらかじめ準備される契約条項の総体であって，それらの契約の内容を画一的に定めることを目的として使用するものをいう」とされた。

　しかし，これに対しては，主として経済界から約款の定義が広すぎる又は事業者間取引に適用される約款を含めないようにするべきであるなどの意見があった。そこで，これに配慮して約款のうちの「定型約款」に限定してルールを設けたものとされている（部会資料86-2・1頁参照）。

　すなわち，本条は，まず「定型取引」の定義として，「ある特定の者が不特定多数の者を相手方として行う取引であって，その全部又は一部が画一的であることが当事者双方にとって合理的なものをいう」とし，その上で定型約款とは「定型取引において，契約の内容とすることを目的としてその特定の者により準備された条項の総体をいう」としている。

　この点，部会資料86-2によれば，「定型約款の定義の該当性については，①ある特定の者が不特定多数の者を相手方として行う取引であるか否か，②取引内容の全部又は一部が画一的であることがその当事者双方にとって合理的なものか否か……を判断することになる。事業者間で行われる取引は，相手方の個性に着目したものも少なくなく（①），また，その契約内容が画一的である理由が単なる交渉力の格差によるものであるときには，契約内容が

第 16 定型約款

画一的であることは相手方にとっては合理的とはいえないものと考えられる（②）。」とされている（同1頁。なお、同部会資料には③として契約内容を「補充することを目的とする」旨が要件として上げられているが、この点は修正され、本条では単に定型取引において「契約の内容とすることを目的」とすることとなった）。

しかし、まず①については、本条には「相手方の個性に着目した」という文言自体はなく、これに関しては「不特定多数」を相手方とする取引か否かが問題となるにすぎない。その「不特定多数」の意味が問題となるが、将来取引に入る相手方が多数あることを想定して画一的な内容の契約書を作成した場合においても、それは「不特定多数」の者を相手方とするものと言えると思われる。

また、②については、上記のとおり「その契約内容が画一的である理由が単なる交渉力の格差によるものであるとき」は、これに該当しない旨の説明がされているが、本条には交渉力格差に関する文言も存しない。また、事業者と消費者間の取引に利用される約款のほとんどが交渉力格差によるものでありこれが排除されることになるのは定型約款制度を設けた趣旨と矛盾するなどの指摘もある（第98回部会議事録8頁、21頁）。したがって、「契約内容の画一性が交渉力格差によるものか否か」が基準とはなり難く、端的に取引の内容が画一的であることがその双方にとって合理的か否かを問題とすべきと思われる。

そうすると、上記の意味での不特定多数を相手方とする画一的内容の契約については、その内容が画一的であることが当事者双方にとって取引通念上一般的であり（この点から労働契約は除外されると考える）、かつ、その契約の内容とすることを目的として一方当事者により準備されたものは、それが事業者間契約か又は事業者と消費者間の契約かを問わず、定型約款に該当すると思われる。

2) 第1項について

まず、当事者が定型取引を行うことの合意をした場合に、(ア)定型約款を「契約の内容とする旨の合意」をしたとき（同項1号）、又は(イ)定型約款を準

備した者（定型約款準備者）が，「あらかじめ」その定型約款を「契約の内容とする旨を相手方に表示」していたとき（同項2号）に限り，定型約款の条項について合意があったものとみなしている。

　そうすると，例えば不特定多数の者に対して有償で施設の提供を行う事業者などが定型約款により利用者と契約をする場合は，少なくとも契約時に(イ)の表示をする必要がある（定型約款の条項それ自体を契約時に表示することまでは要求されていない）。ただし，相手方に「表示」するとあるのは，「公表」とは異なる。そうすると，上記の施設の利用契約などにおいては，ユーザーの利用申込書などの中に少なくとも「当施設の利用においては，当施設の備置する定型約款により契約するものとする」旨の表示をしておくなどの対応が必要である。

　なお，公共交通機関の旅客運送約款などにおいては，当該定型約款が契約の内容となる旨をあらかじめ相手方に個別に表示することは困難であり，「民法の一部を改正する法律の施行に伴う関係法律の整備等に関する法律」に基づき鉄道営業法など関連法規が改正され，定型約款を「公表」すれば足りるとされた（同法303条ほか参照）。

3) **第2項について**

　本項は，上記1の2)の趣旨を受けて，不当条項規制のみならず不意打ち条項規制を一体的に行うものである。

　すなわち，まず，不当条項規制として，定型約款条項のうち①相手方の権利を制限し，又は相手方の義務を加重する条項（趣旨からすれば義務を新設するものも含まれる）であって，②その定型取引の態様及びその実情並びに取引上の社会通念に照らして信義則に反して相手方の利益を一方的に害するものについては，みなし合意から排除されることとした。

　このように，民法の信義則の規定（1条2項）とは別に不当条項を排除する旨を明文化した理由は，定型約款においては相手方が条項の内容をチェックしない場合が圧倒的に多いために，同人らにとって一方的に不利な内容の条項が定められるおそれがあることに配慮したからである。そうすると，例えばインターネットで商品を購入するなどの場合に，相手方が詳細な約款の

第16 定型約款

内容を見ないまま「同意する」旨のクリックをしても，それが定型約款に当たる以上は不当条項規制が適用されることとなる。それ故，その定型約款において，例えば「故意・重過失があっても，売主は債務不履行による損害賠償責任一切を免れる」旨の条項があったなどの場合は，本項により排除される可能性があると思われる。

なお，消費者契約法10条との関係については，同条は消費者と事業者間の格差に鑑みて不当な条項を排除するものであり趣旨を異にする（部会資料86-1・4頁）。それ故，事業者と消費者間の定型約款については，本項による不当条項排除はもとより，消費者契約法10条の要件を充たす場合はこれによる無効を主張することも可能である。

また，不意打ち条項についても，同様に①及び②の要件を充たす場合は，みなし合意から排除される。例えば，定型約款の中に「Aという商品を購入した場合は，Bという商品の購入契約も自動的に成立する」とする条項があったときは，少なくともそのBの対価がAと同じかそれ以上であったときは不意打ち条項と言える場合があり，これが相手方の義務を加重し信義則に反して相手方の利益を一方的に害する場合には，みなし合意から排除される可能性がある。

4）経過措置について

改正民法の施行日前に定型約款に係る契約が成立したか否かに関わらず，原則として定型約款については改正民法が適用されることとなった（附則33条1項本文）。これは，旧法において，定型約款の要件及び変更の可否について不明な部分があり，できる限り定型約款のルールを及ぼすべきことからである。ただし，旧法の規定によって生じた効力を妨げないとして，旧法下で有効とされた定型約款に係る契約の効力を維持するものとし法的安定性に配慮している（附則同項ただし書）。

また，施行日前に定型約款にかかる契約が成立しており，かつ，この契約の当事者の一方が書面（メールなど電磁的記録による場合を含む。）により定型約款の規定の適用に反対した場合は，改正民法は適用されないとしてその当事者が定型約款の拘束力から離脱できることを認めた（附則同条2項）。ただ

し，定型約款に「定型約款の変更がされた場合は解除できる」旨の特約があるなど契約又は法律の規定により解除権を「現に行使できる」場合は，解除権により離脱できることから同附則本文は適用されない（附則同項括弧書）。

なお，かかる反対の意思表示は，改正民法の公布日から起算して1年を超えない範囲内において政令で定める日から施行日までの間にしなければならない（附則同条3項，附則1条2号参照）。

これらの経過措置は，以下に記載する定型約款に関する規定についても同様である。

改正条文	改正前条文
（定型約款の内容の表示） 第548条の3　＜新設＞ 1　定型取引を行い，又は行おうとする定型約款準備者は，定型取引合意の前又は定型取引合意の後相当の期間内に相手方から請求があった場合には，遅滞なく，相当な方法でその定型約款の内容を示さなければならない。ただし，定型約款準備者が既に相手方に対して定型約款を記載した書面を交付し，又はこれを記録した電磁的記録を提供していたときは，この限りでない。 2　定型約款準備者が定型取引合意の前において前項の請求を拒んだときは，前条の規定は，適用しない。ただし，一時的な通信障害が発生した場合その他正当な事由がある場合は，この限りでない。	なし

1　改正の方向性

今回の改正の議論の過程では，約款の拘束力の根拠を当事者間の合意に求め

第16 定型約款

る立場が有力であり，約款が当事者間の契約の内容となるための「組入要件」が必要であるとされた（中間試案補足368頁）。そして，その要件として，約款に係る契約の締結前に相手方に約款条項を開示し又は認識の機会を与える必要があるとされた。

しかし，これに対しては，主として経済界から「常に約款の事前の開示や認識可能性を要件とすると現実的に対応が難しい」旨の意見が出された。

そこで，この点に配慮して定型約款においては，「組入要件」と定型約款の開示の問題とを切り離し，当事者間の契約の内容となるためには事前の開示までは要求せず，これとは別に定型約款条項の開示義務規定を置くこととした。

2 改正の要点

上記1を受けて，本条1項は，定型約款準備者は，①定型取引合意の前又は定型取引合意の後相当の期間内に，②相手方から請求があった場合には，③遅滞なく相当な方法でその定型約款の内容を示さなければならないとした。

これにより，常に事前開示する必要はないものの，遅くとも相手方からの請求後に「遅滞なく」定型約款を提示しなければならず，「一方当事者が定型約款を備えていないにも関わらず自己に有利な内容の定型約款条項があると称してその適用を主張し，後日に定型約款を作成して訴訟において裁判所に提出する」などの事態を防ぐことが可能となったと解される。

さらに，定型約款準備者が定型取引合意の前において，正当な理由なく上記の相手方の請求を拒んだ場合は，当該定型約款条項についてはみなし合意から排除されるとした（本条2項）。これも，上記の不適正な事態を防ぐことに繋がると解される。

改 正 条 文	改正前条文
（定型約款の変更） 第548条の4 ＜新設＞ 　1　定型約款準備者は，次に掲げる場合には，定型約款の変更をすることにより，	なし

変更後の定型約款の条項について合意があったものとみなし，個別に相手方と合意をすることなく契約の内容を変更することができる。
(1) 定型約款の変更が，相手方の一般の利益に適合するとき。
(2) 定型約款の変更が，契約をした目的に反せず，かつ，変更の必要性，変更後の内容の相当性，この条の規定により定型約款の変更をすることがある旨の定めの有無及びその内容その他の変更に係る事情に照らして合理的なものであるとき。
2 定型約款準備者は，前項の規定による定型約款の変更をするときは，その効力発生時期を定め，かつ，定型約款を変更する旨及び変更後の定型約款の内容並びにその効力発生時期をインターネットの利用その他の適切な方法により周知しなければならない。
3 第1項第2号の規定による定型約款の変更は，前項の効力発生時期が到来するまでに同項の規定による周知をしなければ，その効力を生じない。
4 第548条の2（定型約款の合意）第2項の規定は，第1項の規定による定型約款の変更については，適用しない。

1 改正の方向性

　合意原則から言えば，約款を含めて契約の内容を変更するには相手方の個別の同意が必要である。
　しかし，定型約款においては相手方が多数であるため，個別の同意を得ることが著しく困難である。そこで，定型約款準備者による一方的な約款条項の変

第16　定型約款

更であっても，その変更が必要で，かつ，変更内容が相当であり，及び諸般の事情に照らして合理的なものであれば，基本的に許容することとなった。

2　改正の要点

このような定型約款の変更の要件として，第1項は，①定型約款の変更が相手方の一般の利益に適合する（利益変更）とき，又は②それが不利益変更の場合には，(ｱ)契約をした目的に反せず，かつ，(ｲ)変更の必要性，変更後の内容の相当性，定型約款に変更に関する定めの有無及び内容その他の変更に係る事情に照らして合理的なものであることを要求した。

この点，まず②の不利益変更の(ｲ)については，定型約款変更を許容する定めの有無及びその内容を考慮する旨が規定されているが，「定型約款準備者の都合により，全ての定型約款条項を変更できる」旨の変更条項があっても，それによって変更が容易になることはないと解される。このような一方的な変更条項は，そもそも不当条項に当たる可能性があるばかりか，変更の必要性や相当性を基礎づけるものとは言えないからである。

次に，手続要件として，第2項は，定型約款準備者が，定型約款の変更の効力の発生時期を定め，かつ，定型約款を変更する旨及び変更後の定型約款の内容並びに当該発生時期をインターネットの利用その他の適切な方法により周知しなければならないとしている。

また，第3項は，前項の周知に関して，適切な周知を求めるとともに，不利益変更の場合には変更の効力発生時期までにかかる周知をしなければ，その変更の効力が生じないとしている。

なお，定型約款の変更のうち，不利益変更においては変更の必要性，変更内容の相当性及び合理性の要件が充たされなければならないので，あえて不当条項規制の規定（改正民法548条の2第2項）の適用をする必要がないこととなる。これに対し，利益変更については，変更前の条項がすでに不当条項であってこの不利益を緩和するに過ぎない内容の変更が行われた場合が問題となる。このような場合も，変更自体は本条1項1号には反しないが，そもそも変更前の条

項が不当条項である以上は変更の対象がないことになり，その意味で変更は認められない。それ故，本条4項では，利益変更か否かを問わず定型約款の変更においては不当条項規制等の規定が適用されない旨が定められた。

第17 売　買

改正条文	改正前条文
（買主の追完請求権） 第562条　＜新設＞ 　1　引き渡された目的物が種類，品質又は数量に関して契約の内容に適合しないものであるときは，買主は，売主に対し，目的物の修補，代替物の引渡し又は不足分の引渡しによる履行の追完を請求することができる。ただし，売主は，買主に不相当な負担を課するものでないときは，買主が請求した方法と異なる方法による履行の追完をすることができる。 　2　前項の不適合が買主の責めに帰すべき事由によるものであるときは，買主は，同項の規定による履行の追完の請求をすることができない。	なし
（買主の代金減額請求権） 第563条　＜全面改正＞ 　1　前条第1項本文に規定する場合において，買主が相当の期間を定めて履行の追完の催告をし，その期間内に履行の追完がないときは，買主は，その不適合の程度に応じて代金の減額を請求することができる。 　2　前項の規定にかかわらず，次に掲げる場合には，買主は，同項の催告をすることなく，直ちに代金の減額を請求することができる。 　(1)　履行の追完が不能であるとき。	（数量の不足又は物の一部滅失の場合における売主の担保責任） 第565条 　前2条の規定は，数量を指示して売買をした物に不足がある場合又は物の一部が契約の時に既に滅失していた場合において，買主がその不足又は滅失を知らなかったときについて準用する。

	(権利の一部が他人に属する場合における売主の担保責任)
(2) 売主が履行の追完を拒絶する意思を明確に表示したとき。 (3) 契約の性質又は当事者の意思表示により，特定の日時又は一定の期間内に履行をしなければ契約をした目的を達することができない場合において，売主が履行の追完をしないでその時期を経過したとき。 (4) 前3号に掲げる場合のほか，買主が前項の催告をしても履行の追完を受ける見込みがないことが明らかであるとき。 3 第1項の不適合が買主の責めに帰すべき事由によるものであるときは，買主は，前2項の規定による代金の減額の請求をすることができない。	第563条 1 売買の目的である権利の一部が他人に属することにより，売主がこれを買主に移転することができないときは，買主は，その不足する部分の割合に応じて代金の減額を請求することができる。 2 ［次頁のとおり］ 3 ［次頁のとおり］
(買主の損害賠償請求及び解除権の行使) 第564条 ＜全面改正＞ 　前2条の規定は，第415条の規定による損害賠償の請求並びに第541条及び第542条の規定による解除権の行使を妨げない。	(売主の瑕疵担保責任) 第570条 　売買の目的物に隠れた瑕疵があったときは，第566条の規定を準用する。ただし，強制競売の場合は，この限りでない。 (地上権等がある場合等における売主の担保責任) 第566条 1 売買の目的物が地上権，永小作権，地役権，留置権又は質権の目的である場合において，買主がこれを知らず，かつ，そのために契約をした目的を達することができないと

第17 売 買

	きは，買主は，契約の解除をすることができる。この場合において，契約の解除をすることができないときは，損害賠償の請求のみをすることができる。 2　前項の規定は，売買の目的である不動産のために存すると称した地役権が存しなかった場合及びその不動産について登記をした賃貸借があった場合について準用する。
（移転した権利が契約の内容に適合しない場合における売主の担保責任） 第565条　＜全面改正＞ 　前3条の規定は，売主が買主に移転した権利が契約の内容に適合しないものである場合（権利の一部が他人に属する場合においてその権利の一部を移転しないときを含む。）について準用する。	（他人の権利の売買における売主の担保責任） 第561条 　前条の場合において，売主がその売却した権利を取得して買主に移転することができないときは，買主は，契約の解除をすることができる。この場合において，契約の時においてその権利が売主に属しないことを知っていたときは，損害賠償の請求をすることができない。 第563条 　1　［前頁のとおり］ 　2　前項の場合において，残存する部分のみであれば買主がこれを買い受け

なかったときは，善意の買主は，契約の解除をすることができる。
3　代金減額の請求又は契約の解除は，善意の買主が損害賠償の請求をすることを妨げない。

第566条
［119頁のとおり］

1　改正の方向性

　売買の目的物が契約の内容に適合しない場合において，旧法においては，瑕疵概念が用いられ，売主に瑕疵担保責任が課されていた。
　すなわち，旧法下の伝統的見解は，特定物売買においては目的物である「この物」を引き渡せば債務としては履行されたこととなり，これに瑕疵がある場合は法律が定めた責任を売主に課すこととしていた（法定責任説）。
　しかし，改正民法においては，特定物か不特定物かを問わず売主は売買契約の内容に適合した物を引き渡す義務があるとされ（契約責任説），「瑕疵」の代わりに「契約の内容に適合しないもの」（以下「契約内容不適合」という。）という概念が用いられることとなった。
　こうして，改正法においては，契約内容不適合という概念をどのように解釈していくかが重要な問題となってくるが，契約のみでは不適合があるか否かを確定することができない場合は，従前の瑕疵概念についての判例の考え方である「通常有すべき品質」を基準とすることが考えられる。

第17　売　買

2　改正の要点

1）第562条について

(1) 第1項について

　　目的物が種類，品質又は数量に関して契約の内容に適合しないときは，買主の選択により売主に対し，目的物の修補，代替物の引渡し又は不足分の引渡しを求めることができることとした。これは，上記1の趣旨を受けて，目的物が契約内容不適合の場合には売主は不履行責任を負うこととし，買主に履行請求権の一環として修補請求権などの追完の請求権を認めたものである。したがって，この追完請求権については売主の帰責事由の有無は問わない。

　　ただし，常に買主の選択する方法による追完を認めるとすると，修補が可能でかつ相当な場合にも代替物引渡請求などの買主の請求が認められることになりかねないので，買主に不相当な負担を課さないことを条件に，売主は買主の選択した方法とは異なる方法により履行を追完できることとした。もっとも，ここで言う「不相当な負担」とは何かが明らかではない（むしろ明らかにすることが困難であったが，それでも追完請求権の制限を示す必要があった）ので，今後この意味を明らかにするための実務の積み重ねが必要となる。

(2) 第2項について

　　契約内容不適合が買主の責めに帰すべき事由により生じた場合に追完請求権を否定したものである。このような場合にまで，買主の追完請求権を認めるのは妥当でなく，かつ，他の関連する規定（改正民法543条及び563条3項など）と平仄が合わないからである。

2）第563条について

(1) 第1項について

　　引き渡された目的物に契約内容不適合がある場合，代金と目的物の等価交換の関係を維持するという観点から，不適合の割合に応じて売買代金の減額請求ができることを明文化した。

この点，旧法では，数量指示売買における数量不足の場合（及び権利の一部が他人に帰属する場合）に限り代金減額請求ができる旨が規定されていた（同法565条及び563条）が，数量だけではなく種類や品質の契約内容不適合の場合にも代金減額請求ができるものとした。ただし，代金減額請求は一部解除としての性質を有することから，原則として催告解除の規定（改正民法541条）に従い手続要件として，相当期間を定めて追完の催告をするべきこととした。

なお，買主が単に交渉として代金減額を主張したに過ぎない場合は，一部解除（形成権）としての代金減額請求権を行使したとは言えない場合があり，その認定には慎重な吟味が必要である。

(2) 第2項について

上記のとおり代金減額請求は一部解除の性質を有することから，無催告解除（改正民法542条）の場合と同様の要件のもとに，例外的に催告なしでも代金減額請求ができる場合を示した。

(3) 第3項について

買主の追完請求権と同様に，不適合が買主の責めに帰すべき事由による場合には，例外として代金減額請求権を認めないこととした。

3) 第564条について

契約責任説に立つ改正法のもとでは，売主が契約内容不適合の目的物を引き渡した場合は債務不履行とされ，その効果として，買主は損害賠償請求権（改正民法415条）及び解除権（改正民法541条，542条）を有することになる。そこで，本条は，買主の権利としてそのことを確認的に規定したものである。ただし，次の2点に注意する必要がある。

① 旧法では，解除については，契約の目的不達成の場合に限りできることとなっていたが，本条では，一般原則に従い，催告をして解除することも認められることとなった。ただし，些細な契約内容不適合の場合は，「軽微」な不履行として解除が否定されることとなる（改正民法541条ただし書参照）。

② 旧法では瑕疵担保に基づく損害賠償責任は無過失責任とされ，かつ，伝

第17　売　買

統的な見解によれば損害賠償の範囲は信頼利益に限るとされていたが，本条はこれらを改めた。すなわち，損害賠償責任については売主の帰責性を要求し（改正民法415条1項ただし書），かつ，履行利益についても改正民法416条（損害賠償の範囲）の要件を充たす限りにおいて賠償する義務を売主に負わせた。もっとも，売買の目的物について契約内容不適合がありながら売主の帰責性が否定されることは，実際上はほとんどないと思われるので，従前の実務が大きく変わるとは言えない。

4）第565条について

売主は，契約内容に適合した権利を移転する義務を負い，それができない場合には債務不履行として評価されることになる。それ故，本条は，権利についての契約内容不適合（以下「権利の不適合」という。）の場合も，売主が契約内容不適合の目的物を引き渡した場合と同様の救済方法を買主に認めることとした。

5）経過措置について

施行日前に締結された売買契約については，なお従前の例による（附則34条1項）。この経過措置は，以下に記載する売買に関する規定についても同様である。

改正条文	改正前条文
（目的物の種類又は品質に関する担保責任の期間の制限） 第566条　＜全面改正＞ 　売主が種類又は品質に関して契約の内容に適合しない目的物を買主に引き渡した場合において，買主がその不適合を知った時から1年以内にその旨を売主に通知しないときは，買主は，その不適合を理由として，履行の追完の請求，代金の減額の請求，損害賠償の請求及び契約の解除をすることができない。ただし，売主が引渡しの時にその不適合を知り，	第564条 　前条の規定による権利は，買主が善意であったときは事実を知った時から，悪意であったときは契約の時から，それぞれ1年以内に行使しなければならない。 第566条3項 　前2項の場合において，契約の解除又は損害賠償の請求

又は重大な過失によって知らなかったときは，この限りでない。

＊旧法第564条（旧法第565条において準用する場合を含む。）及び第566条第3項を削除するものとする。

は，買主が事実を知った時から1年以内にしなければならない。

改正の要点

　消滅時効の一般原則（改正民法166条）によれば，①債権者が権利を行使することができることを知った時から5年間行使しないとき，又は②権利を行使することができる時から10年間行使しないときに債権が消滅するが，売買においては特別な期間制限の制度を設けた。

　すなわち，本条は，買主が目的「物」の「種類又は品質」に関して，契約内容不適合の事実を知った時から1年以内にその不適合を売主に「通知」する義務を課し，それを怠った場合には，買主は追完請求権その他の権利を失うこととした。これは，売買における契約内容不適合を巡る紛争を早期に解決する趣旨であり，その点では旧法564条と同じである。

　ただし，不適合を「通知」すれば足りるので，旧法下の判例の言う「売主に対し具体的に瑕疵の内容とそれに基づく損害賠償を請求する旨を表明し，請求する損害額の根拠を示す」（最判平成4.10.20民集46巻7号1129頁）ことまでは必要はない。なお，一旦，不適合を通知すれば，それに基づく追完請求権その他の買主の権利は，一般の消滅時効の規定に従うこととなる。

　これに対し，数量不足又は権利の不適合の場合は，「種類又は品質」あるいは目的「物」に関する不適合とは言えないので，消滅時効の一般原則が適用される。これらの不適合は明確であることから短期の期間制限をする必要がないからである。

第18 消費貸借

改正条文	改正前条文
（書面でする消費貸借等） 第587条の2 ＜新設＞ 　1　前条の規定にかかわらず，書面でする消費貸借は，当事者の一方が金銭その他の物を引き渡すことを約し，相手方がその受け取った物と種類，品質及び数量の同じ物をもって返還をすることを約することによって，その効力を生ずる。 　2　書面でする消費貸借の借主は，貸主から金銭その他の物を受け取るまで，契約の解除をすることができる。この場合において，貸主は，その契約の解除によって損害を受けたときは，借主に対し，その賠償を請求することができる。 　3　書面でする消費貸借は，借主が貸主から金銭その他の物を受け取る前に当事者の一方が破産手続開始の決定を受けたときは，その効力を失う。 　4　消費貸借がその内容を記録した電磁的記録によってされたときは，その消費貸借は，書面によってされたものとみなして，前3項の規定を適用する。	なし
（利息） 第589条　＜新設＞ 　1　貸主は，特約がなければ，借主に対して利息を請求することができない。 　2　前項の特約があるときは，貸主は，借主が金銭その他の物を受け取った日以後	なし

の利息を請求することができる。	
（返還の時期） 第591条　＜一部改正＞ 　1　［改正なし］ 　2　借主は，返還の時期の定めの有無にかかわらず，いつでも返還をすることができる。 　3　当事者が返還の時期を定めた場合において，貸主は，借主がその時期の前に返還をしたことによって損害を受けたときは，借主に対し，その賠償を請求することができる。	（返還の時期） 第591条 　1　当事者が返還の時期を定めなかったときは，貸主は，相当の期間を定めて返還の催告をすることができる。 　2　借主は，いつでも返還をすることができる。

1　改正の方向性

　旧法においては，消費貸借は，金銭その他の目的物の引渡しがあって初めて成立する要物契約とされていた。この点，要物契約しか認められないこととなると，企業が金融機関から融資を受けようとしたときや，消費者が住宅ローンを組むときに確実に融資を受けられることには必ずしもならない。そのため，旧法においても諾成的消費貸借が解釈で認められていたところ，これを要物契約と併存する形で明文化し，金銭の授受の前に消費貸借を成立させたいとするニーズに応えることとなった。

　ただし，当事者の合意のみによって契約上の貸借の義務が生ずるとすると，安易に金銭を借りる約束をしてしまった者や，逆に安易に金銭を貸す約束をしてしまった者に，酷な結果となる場合が生じかねない。そこで，①諾成的な消費貸借は書面でしなければならないとして契約成立について慎重を期し，②書面による合意後であっても，目的物引渡前であれば借主はいつでも解除できるとすることとした。

第18　消費貸借

2　改正の要点

1）第587条の2について
　(1)　第1項について
　　　諾成的消費貸借は，書面で，貸主が目的物を引き渡すこと，及び借主が種類，品質及び数量の同じものをもって返還することを約することによって成立するとした。
　(2)　第2項について
　　　本項前段は，借主による目的物引渡前の解除権を認めた。これは，目的物とりわけ金銭の引渡前に資金需要がなくなった借主に，契約の拘束力から解放される手段を与えるものである。この解除権により借主は貸付金の受領それ自体については強制されない。のみならず，目的物引渡前は利息が発生しないとの規定（改正民法589条2項）により，借主は，利息付きの諾成的消費貸借を締結した場合であっても，解除権を行使して受領を拒むことにより利息の支払いを強制されることはないと解すべきである。
　　　これに対し，本項後段は，借主の目的物引渡前の解除によって貸主が損害を受けた場合には，借主に対し損害賠償請求ができる旨を定めた。ただし，あくまで貸主が借主の解除によって損害が生じたことを主張立証した場合に限り認められるに過ぎず，例えばいわゆる消費者金融を行う貸金業者などが約定の期間利息相当額を損害として主張しても，当該業者などは，解除された貸金を他の者に貸すことができたと考えられるので，損害発生の立証はほとんど認められないと解される。
　(3)　第3項について
　　　消費貸借の当事者の一方が，目的物引渡前に破産手続開始の決定を受けた場合には，当事者間における信用供与の前提が崩れることを根拠として，消費貸借は効力を失うものとした。
　(4)　第4項について
　　　メールなど電磁的記録によってされた消費貸借を書面によってされた消費貸借とみなした。保証契約に関する民法446条3項と同様の趣旨である。

第18 消費貸借

2) 第589条について

　本条1項は，利息については特約がなければ認められないこととし，本条2項はその利息が発生するのは借主が金銭その他の目的物を受け取った日以後であるとした。

3) 第591条について

(1) 第2項について

　金銭その他の目的物の「返還の時期の定め」にかかわらず，借主がいつでも返還できるとする規律を明確にした。

(2) 第3項について

　消費貸借における期限前返済について，民法136条2項（改正法で維持されている）の期限の利益の放棄に関する規律を明確化した趣旨とされている。ただし，改正民法587条の2第2項後段と同様に，貸主が損害を立証する必要があり，いわゆる消費者金融を行う貸金業者などの場合は，その損害の立証はほとんど認められないと解される。

4) 経過措置について

　施行日前に締結された消費貸借契約については，なお従前の例による（附則34条1項）。

第19　賃貸借

第19　賃　貸　借

改 正 条 文	改 正 前 条 文
（賃貸借の存続期間） 第604条　＜一部改正＞ 　1　賃貸借の存続期間は，50年を超えることができない。契約でこれより長い期間を定めたときであっても，その期間は，50年とする。 　2　賃貸借の存続期間は，更新することができる。ただし，その期間は，更新の時から50年を超えることができない。	（賃貸借の存続期間） 第604条 　1　賃貸借の存続期間は，20年を超えることができない。契約でこれより長い期間を定めたときであっても，その期間は，20年とする。 　2　賃貸借の存続期間は，更新することができる。ただし，その期間は，更新の時から20年を超えることができない。

改正の要点

1）　**第1項について**

　従来の存続期間の上限（20年）では，ゴルフ場の敷地の賃貸借，重機やプラントのリース契約等の長期間の賃貸借のニーズに対応できないとして，上限を50年とした。

2）　**第2項について**

　賃貸借契約の存続期間の上限は，更新後も50年を超えることができないものとした。

3）　**経過措置について**

　施行日前に締結された賃貸借契約については，なお従前の例による（附則34条1項）。この経過措置は，以下に記載する賃貸借に関する規定について

も同様である。
　ただし，施行日前に賃貸借契約が締結された場合において施行日以後にその契約の更新にかかる合意がされたときは，改正民法604条2項を適用する（附則34条2項）。

改 正 条 文	改正前条文
（不動産の賃貸人たる地位の移転） 第605条の2　＜新設＞ 　1　前条（不動産賃貸借の対抗力），借地借家法（平成3年法律第90号）第10条又は第31条その他の法令の規定による賃貸借の対抗要件を備えた場合において，その不動産が譲渡されたときは，その不動産の賃貸人たる地位は，その譲受人に移転する。 　2　前項の規定にかかわらず，不動産の譲渡人及び譲受人が，賃貸人たる地位を譲渡人に留保する旨及びその不動産を譲受人が譲渡人に賃貸する旨の合意をしたときは，賃貸人たる地位は，譲受人に移転しない。この場合において，譲渡人と譲受人又はその承継人との間の賃貸借が終了したときは，譲渡人に留保されていた賃貸人たる地位は，譲受人又はその承継人に移転する。 　3　第1項又は前項後段の規定による賃貸人たる地位の移転は，賃貸物である不動産について所有権の移転の登記をしなければ，賃借人に対抗することができない。 　4　第1項又は第2項後段の規定により賃貸人たる地位が譲受人又はその承継人に移転したときは，第608条の規定による費用の償還に係る債務及び第622条の2	なし

第19　賃貸借

第1項の規定による同項に規定する敷金の返還に係る債務は，譲受人又はその承継人が承継する。	
参考（転貸の効果）　＜一部改正＞ **第613条** 　1　賃借人が適法に賃借物を転貸したときは，転借人は，<u>賃貸人と賃借人との間の賃貸借に基づく賃借人の債務の範囲を限度として</u>，賃貸人に対して<u>転貸借に基づく債務を直接履行する</u>義務を負う。この場合においては，賃料の前払をもって賃貸人に対抗することができない。 　2　［改正なし］ 　3　<u>賃借人が適法に賃借物を転貸した場合には，賃貸人は，賃借人との間の賃貸借を合意により解除したことをもって転借人に対抗することができない。ただし，その解除の当時，賃貸人が賃借人の債務不履行による解除権を有していたときは，この限りでない。</u>	**（転貸の効果）** **第613条** 　1　賃借人が適法に賃借物を転貸したときは，転借人は，賃貸人に対して<u>直接に</u>義務を負う。この場合においては，賃料の前払をもって賃貸人に対抗することができない。 　2　前項の規定は，賃貸人が賃借人に対してその権利を行使することを妨げない。

改正の要点

1) **第1項について**

　　不動産の賃貸人たる地位の当然承継に関する判例法理（最判昭和39.8.28民集18巻7号1354頁）を明文化した。

2) **第2項について**

　　本項前段は，前項の判例が「特段の事情」による例外を認めている点を踏まえて，旧所有者と新所有者との間の合意によって賃貸人たる地位を旧所有者に留保するための要件を明確化した。すなわち，この場合には，地位の譲渡を留保する合意に加えて，新所有者を賃貸人，旧所有者を賃借人とする賃

第19 賃貸借

貸借契約の締結を必須とした。これにより，この不動産の居住者その他のユーザーたる賃借人（以下「ユーザー賃借人」という。）は，転借人と同様の立場に置かれることとなる。

　本項後段は，この新所有者と旧所有者との間の賃貸借契約が終了したときに，賃貸人たる地位が，当然に旧所有者から新所有者に移転するとした。これは，上記の地位の留保に何ら関与していないユーザー賃借人を保護するため，賃貸人たる地位が当然に新所有者に移転してユーザー賃借人との賃貸借関係が継続される旨を定めたものである。

　そうすると，本項前段によって新・旧所有者間の賃貸借がなされている間に，旧所有者が賃料の支払を怠るなどして債務不履行となり，新所有者がこの賃貸借を解除した場合においても，新所有者はユーザー賃借人に対して解除権を対抗できないと解するべきであろう。

3) 第3項について

　賃貸人たる地位の移転をユーザー賃借人に対抗するための要件として，所有権移転登記を必要とする旨の判例法理（最判昭和49.3.19民集28巻2号325頁）を明文化した。

4) 第4項について

　賃貸人たる地位の移転により敷金返還債務及び費用償還債務も当然に移転する旨を規定した。ただし，判例（最判昭和44.7.17民集23巻8号1610頁）は，敷金返還債務について，旧所有者の元で生じた延滞賃料等の弁済金に敷金が充当された後の残額についてのみ敷金返還債務が新所有者に移転するとしているが，この点は明文化されておらず，今後とも契約書の規定あるいは解釈に委ねられる。

改 正 条 文	改正前条文
（賃借物の一部滅失等による賃料の減額等） 第611条　＜一部改正＞ 　1　賃借物の一部が滅失その他の事由により使用及び収益をすることができなく	（賃借物の一部滅失による賃料の減額請求等） 第611条 　1　賃借物の一部が賃借人

133

第19　賃貸借

なった場合において，それが賃借人の責めに帰することができない事由によるものであるときは，賃料は，その使用及び収益をすることができなくなった部分の割合に応じて，減額される。 　2　賃借物の一部が滅失その他の事由により使用及び収益をすることができなくなった場合において，残存する部分のみでは賃借人が賃借をした目的を達することができないときは，賃借人は，契約の解除をすることができる。	の過失によらないで滅失したときは，賃借人は，その滅失した部分の割合に応じて，賃料の減額を請求することができる。 　2　前項の場合において，残存する部分のみでは賃借人が賃借をした目的を達することができないときは，賃借人は，契約の解除をすることができる。
参考（賃借物の全部滅失等による賃貸借の終了） 第616条の2　＜新設＞ 　賃借物の全部が滅失その他の事由により使用及び収益をすることができなくなった場合には，賃貸借は，これによって終了する。	なし

> 改正の要点

1）　第1項について

　賃借人の帰責事由なくして賃借物の一部が滅失その他の事由により使用及び収益をすることができなくなった場合に，賃料が当然に減額される旨を定めた。

　これは，まず旧法において「滅失」の場合のみの規定とされていた点を，一般的に「使用収益をすることができなくなった場合」にも認める旨を明らかにした。

　そして，旧法においては請求により減額すると規定されていた（ただし，請求により「一部滅失の当時に遡って」減額されると解されている）点を改め，使用収益ができなくなった時点から「当然に減額される」ものとした。これは，使用収益可能な状態に置かれたことの対価として賃料が日々発生するの

であるから，そうでない場合には，当然に賃料が使用収益できない部分について発生しないと解すべきことからである。

　ただし，賃借人の責めに帰すべき事由により使用収益ができなくなった場合は，当然減額を認めていない。このような場合にまで当然減額を認めると，賃貸人は，「一部滅失等につき賃借人に帰責事由があり，これによって損害が生じたこと」を主張立証して損害賠償請求により損害を補填するほかなく，賃貸人に不利益である点を考慮したものである。

2) 第2項について

　一部滅失等によって賃貸借の目的を達成できない場合には，賃借人の責めに帰すべき事由によるものかどうかを問わず，解除を認めることとした。これは，賃貸借の目的を達成できない以上は，賃借物の全部が滅失した場合など使用収益が全くできない状態と同じと考えられるからである（改正民法616条の2参照）。

改 正 条 文	改正前条文
（賃借人の原状回復義務） 第621条　＜新設＞ 　賃借人は，賃借物を受け取った後にこれに生じた損傷（通常の使用及び収益によって生じた賃借物の損耗並びに賃借物の経年変化を除く。以下この条において同じ。）がある場合において，賃貸借が終了したときは，その損傷を原状に復する義務を負う。ただし，その損傷が賃借人の責めに帰することができない事由によるものであるときは，この限りでない。	なし

改正の要点

　賃貸借が終了したときには，賃借人が原状回復義務を負うことを明文化した。そして，通常損耗又は経年変化による損傷は，原状回復の内容に含まれないと

第19 賃貸借

する旨の判例法理（最判平成17.12.16集民218号1239号）を括弧書で明記した。

　この規定は任意規定とされているので，当事者間では，別途の合意をすることも可能である。ただし，事業者と消費者との間の賃貸借契約の場合は，この任意規定と異なる契約（通常損耗等による損傷の原状回復義務を賃借人に課す）を結んでも，それが信義則に反して消費者の利益を一方的に害するときは消費者契約法10条により無効になると解される。

改正条文	改正前条文
（敷金） 第622条の2　＜新設＞ 　1　賃貸人は，敷金（いかなる名目によるかを問わず，賃料債務その他の賃貸借に基づいて生ずる賃借人の賃貸人に対する金銭の給付を目的とする債務を担保する目的で，賃借人が賃貸人に交付する金銭をいう。以下この条において同じ。）を受け取っている場合において，次に掲げるときは，賃借人に対し，その受け取った敷金の額から賃貸借に基づいて生じた賃借人の賃貸人に対する金銭の給付を目的とする債務の額を控除した残額を返還しなければならない。 　(1)　賃貸借が終了し，かつ，賃貸物の返還を受けたとき。 　(2)　賃借人が適法に賃借権を譲り渡したとき。 　2　賃貸人は，賃借人が賃貸借に基づいて生じた金銭の給付を目的とする債務を履行しないときは，敷金をその債務の弁済に充てることができる。この場合において，賃借人は，賃貸人に対し，敷金をその債務の弁済に充てることを請求することができない。	なし

第19 賃貸借

改正の要点

1) 第1項について

　敷金の意義について，判例法理（大判大正15.7.12民集5巻616頁）をもとに括弧書で明確化した。

　また，敷金返還債務は，賃貸借が終了し，かつ，目的物が返還されたときに発生するとする判例（最判昭和48.2.2民集27巻1号80頁），及び賃借人が適法に賃借権を譲渡したときも賃貸人と旧賃借人との間に別段の合意がない限り，その時点で敷金返還債務が生ずるとする判例（最判昭和53.12.22民集32巻9号1768頁）も明文化した（本項1号，2号）。

　そして，敷金の充当について，敷金返還債務は，賃貸物の返還完了のときに，それまでに生じた被担保債権を敷金額から控除し，なお，残額がある場合に，その残額について具体的に発生するとする判例（最判昭和48.2.2民集27巻1号80頁）をも明文化した。なお，不動産の賃貸人たる地位の移転に伴う敷金返還債務の承継については605条の2第4項の解説を参照されたい。

2) 第2項について

　敷金返還債務が生ずる前に，賃借人の賃貸人に対する債務の不履行が生じた場合において，賃貸人の意思表示によって敷金をその債務に弁済充当することができるという判例（大判昭和5.3.10民集9巻253頁）を明文化した。

第20 請　負

改正条文	改正前条文
（注文者が受ける利益の割合に応じた報酬） 第634条　＜新設＞ 　次に掲げる場合において，請負人が既にした仕事の結果のうち可分な部分の給付によって注文者が利益を受けるときは，その部分を仕事の完成とみなす。この場合において，請負人は，注文者が受ける利益の割合に応じて報酬を請求することができる。 　(1)　注文者の責めに帰することができない事由によって仕事を完成することができなくなったとき。 　(2)　請負が仕事の完成前に解除されたとき。	なし

改正の要点

1）第634条について

　仕事が完成しない限り報酬請求権は生じないのが原則である。しかし，未完成のまま請負契約が解除された場合でも，既履行部分と未履行部分が可分であり，注文者が既履行部分の給付を受けることにつき利益を有するときは，既履行部分については契約を解除することはできず（未履行部分のみ一部解除を認め），既履行部分に係る一部報酬請求を認めるのが判例法理である（最判昭和56.2.17判時996号61頁）。

　本規定は，この判例法理の趣旨を明文化したものである。なお，ここでいう「可分」は物理的な可分を意味するものではなく，出来高を特定することができれば可分とされる（上記判例は，建物建築請負工事が進捗率49％余りの段階で放棄された事例であるところ，可分であるとした）。

第20 請負

具体的には,「注文者の責めに帰することができない事由によって仕事を完成することができなくなったとき」又は「請負が仕事の完成前に解除されたとき」のいずれかの場合に,①既履行部分と未履行部分が可分であること,②既履行部分の給付によって注文者が利益を受けることを要件として,「注文者が受ける利益の割合に応じ」た一部報酬請求を認めている。

なお,注文者の責に帰すべき事由による不能の場合は,危険負担に関する改正民法536条2項の規律の解釈に委ねられることになる。

この改正により,実務の取扱が大きく変わることはないと思われる。

2) 経過措置について

施行日前に締結された請負契約については,なお従前の例による(附則34条1項)。この経過措置は,以下に記載する請負に関する規定についても同様である。

改正条文	改正前条文
[削除]	(請負人の担保責任) 第634条 　1　仕事の目的物に瑕疵があるときは,注文者は,請負人に対し,相当の期間を定めて,その瑕疵の修補を請求することができる。ただし,瑕疵が重要でない場合において,その修補に過分の費用を要するときは,この限りでない。 　2　注文者は,瑕疵の修補に代えて,又はその修補とともに,損害賠償の請求をすることができる。この場合においては,第

第20　請　負

	533条の規定を準用する。
［削除］	第635条 　仕事の目的物に瑕疵があり，そのために契約をした目的を達することができないときは，注文者は，契約の解除をすることができる。ただし，建物その他の土地の工作物については，この限りでない。
（請負人の担保責任の制限） 第636条　＜全面改正＞ 　請負人が種類又は品質に関して契約の内容に適合しない仕事の目的物を注文者に引き渡したとき（その引渡しを要しない場合にあっては，仕事が終了した時に仕事の目的物が種類又は品質に関して契約の内容に適合しないとき）は，注文者は，注文者の供した材料の性質又は注文者の与えた指図によって生じた不適合を理由として，履行の追完の請求，報酬の減額の請求，損害賠償の請求及び契約の解除をすることができない。ただし，請負人がその材料又は指図が不適当であることを知りながら告げなかったときは，この限りでない。	（請負人の担保責任に関する規定の不適用） 第636条 　前2条の規定は，仕事の目的物の瑕疵が注文者の供した材料の性質又は注文者の与えた指図によって生じたときは，適用しない。ただし，請負人がその材料又は指図が不適当であることを知りながら告げなかったときは，この限りでない。

改正の要点

1) 旧法第634条の削除について

　旧法同条1項及び2項前段は，請負人の担保責任につき，注文者の瑕疵修補請求権と損害賠償請求権を定め，瑕疵の修補に代えて，又はその修補とともに損害賠償を請求することができるとしていた。請負人が瑕疵のない仕事を完成する義務を負うことは明らかであるから，売買とは異なり，従前より

請負人の担保責任は契約責任と解されていた。

　ところが，今回の改正により，売主の担保責任は契約責任とされて請負人の担保責任と同質なものとなり，かつ，売買に関する規定を他の有償契約に準用する旨の規定は改正民法においても維持された（民法559条）。そのため，売主の担保責任に関する規定を請負にも準用すればよく，請負人の担保責任を別個に定める必要はないとされ，同条1項及び2項前段は削除された（かような理由による削除は，「分かりやすい民法」という改正の目的にはそぐわないと思われる）。

　以上により，請負の仕事に契約内容不適合（「瑕疵」に代わる概念。本書の売買の解説参照）がある場合は，売買における買主と同様，注文者に①追完請求権としての修補請求権，代替物引渡請求権又は不足分の引渡請求権（改正民法562条），②代金減額請求権（同563条），③一般原則に基づく損害賠償請求権及び解除権（同564条）が認められることになる。

　これら各権利行使の優先順位については，請負はもとより売買においても特に規定はない。しかし，相互に矛盾する権利行使ができないことは明らかであり，例えば，修補を請求しつつ修補の費用と同額の損害賠償を請求することは認められないが，修補によって填補されない損害の賠償を請求することはできる。この点は，旧法634条2項の解釈と変わりはない。

　なお，旧法同項後段は，損害賠償請求と代金支払が同時履行の関係に立つことを明記していたが，売買に関する旧法571条を削除することとしたのと同様，改正民法533条の解釈・運用に委ねれば足りるとして，やはり削除された（この点も分かりにくくなったと言わざるを得ない）。

2）旧法第635条の削除について

　旧法同条本文は，仕事の目的物に瑕疵があり，そのために契約をした目的を達することができない場合に，請負人の帰責事由の有無にかかわらず注文者の解除権を認めていた。ところが，今回の改正により，仕事の目的物が契約内容に適合しない場合には売買の規定（改正民法564条）が準用されて催告解除が可能となり，かつ，債務不履行解除一般について債務者の帰責事由の有無を問題としないことになったので（本書の改正民法542条の解説参照），

第20　請　負

この規定は不要となり削除された。

また，旧法同条ただし書は，目的物が建物等の工作物である場合は注文者による解除を認めないものであったが，現代においては土地工作物についてのみ特例を認める合理性がなく，かつ，判例（最判平成14.9.24判時1801号77頁）も建物の構造上重大な瑕疵があり建て替える他はなかった事案において建替え費用相当額を損害賠償額として認めていたことから実質的に解除を認めたものと解されており，削除された。

3) 第636条について

本改正により，「瑕疵」概念の代わりに「契約内容不適合」概念が導入され，かつ，旧法634条が削除されたことに伴い，旧法636条の文言を改めたものであって，同条の実質的な規律内容に変更はない。

改　正　条　文	改正前条文
（目的物の種類又は品質に関する担保責任の期間の制限） 第637条　＜全面改正＞ 　1　前条本文に規定する場合において，注文者がその不適合を知った時から1年以内にその旨を請負人に通知しないときは，注文者は，その不適合を理由として，履行の追完の請求，報酬の減額の請求，損害賠償の請求及び契約の解除をすることができない。 　2　前項の規定は，仕事の目的物を注文者に引き渡した時（その引渡しを要しない場合にあっては，仕事が終了した時）において，請負人が同項の不適合を知り，又は重大な過失によって知らなかったときは，適用しない。	（請負人の担保責任の存続期間） 第637条 　1　前3条の規定による瑕疵の修補又は損害賠償の請求及び契約の解除は，仕事の目的物を引き渡した時から一年以内にしなければならない。 　2　仕事の目的物の引渡しを要しない場合には，前項の期間は，仕事が終了した時から起算する。
［削除］	第638条 　1　建物その他の土地の工

第 20　請　負

	作物の請負人は、その工作物又は地盤の瑕疵について、引渡しの後5年間その担保の責任を負う。ただし、この期間は、石造、土造、れんが造、コンクリート造、金属造その他これらに類する構造の工作物については、10年とする。 2　工作物が前項の瑕疵によって滅失し、又は損傷したときは、注文者は、その滅失又は損傷の時から1年以内に、第634条の規定による権利を行使しなければならない。

改正の要点

1)　第637条について

　旧法637条は、請負人の担保責任につき目的物引渡時又は仕事完成時から原則として1年間という期間制限を定めており、買主が瑕疵を知ったときから1年間とする売主の担保責任（旧法566条3項）とは起算点を異にしていた。

　しかし、売買と請負は実際の取引において類似するところがあり、期間制限の趣旨（履行が終了したとの債務者の信頼の保護、長期間の経過により瑕疵の判定が困難となることの回避）も同様であることから、双方の起算点を異にすることに合理性は乏しい。注文者が瑕疵の存在を知らないまま1年が経過し担保責任の追及ができなくなるのは、注文者に酷な場合があるので、売買に関する改正民法566条と同様の内容に改めることにしたものである（詳しくは同法566条の解説参照。）。

なお，上記の通知を1年以内に行った場合は，追完請求権その他の権利が発生し，これらの権利については消滅時効の一般原則が適用される。

2) 旧法第638条の削除について

　旧法同条1項は，請負人の担保責任の存続期間を土地工作物については引渡時から5年（木造建物等）又は10年（コンクリート建物等）としていた。これは土地工作物については引渡しから相当期間経過後に瑕疵が発見される場合も少なくないことによるものとされていた。

　しかし，上記1)のとおり，請負人の担保責任の期間制限が「不適合の事実を知ったときから1年以内」（不適合を知らなければ引渡しからの期間を問わず制限されない）とされる以上は，土地工作物についてのみ起算点及び期間について特別な規定を設ける必要はないので，削除された。ただし，不適合を知った時点がいつかについては紛争が生じやすいので，注意を要する。

　また，同条2項は，同条1項を前提とする規定であるので，これも削除された。

3) 住宅の品質確保の促進等に関する法律について

　特別法である同法94条は，住宅の新築工事の請負人の瑕疵担保責任に関して，住宅のうち構造耐力上主要な部分又は雨水の浸入を防止する部分として政令（同法施行令5条）で定めるものの瑕疵についての担保責任の存続期間を，注文者に引き渡した時から10年間とする特則を定めている（強行規定。同法97条により20年以内まで伸長可能。）。

　これについては，旧法634条，同638条の各削除等に伴う形式的な改正がなされたのみで，実質的な規律内容に変更はない。

第21 委任

改正条文	改正前条文
（受任者の報酬） 第648条　＜一部改正＞ 　1　［改正なし］ 　2　［改正なし］ 　3　受任者は，<u>次に掲げる場合には，既に</u>した履行の割合に応じて報酬を請求することができる。 　<u>(1)　委任者の責めに帰することができない事由によって委任事務の履行をすることができなくなったとき。</u> 　<u>(2)　委任が履行の中途で終了したとき。</u>	（受任者の報酬） 第648条 　1　受任者は，特約がなければ，委任者に対して報酬を請求することができない。 　2　受任者は，報酬を受けるべき場合には，委任事務を履行した後でなければ，これを請求することができない。ただし，期間によって報酬を定めたときは，第624条第2項の規定を準用する。 　3　<u>委任が受任者の責めに帰することができない事由によって履行の中途で終了したときは，受任者は，既にした履行の割合に応じて報酬を請求することができる。</u>
（成果等に対する報酬） 第648条の2　＜新設＞ 　1　委任事務の履行により得られる成果に対して報酬を支払うことを約した場合において，その成果が引渡しを要するときは，報酬は，その成果の引渡しと同時に，支払わなければならない。 　2　第634条の規定は，委任事務の履行により得られる成果に対して報酬を支払うことを約した場合について準用する。	

改正の要点

1）第648条について

　旧法同条3項は，委任が受任者の責めに帰することができない事由によって履行の中途で終了したときに，受任者に既履行部分について報酬請求を認

第21 委 任

めていた。

　しかし，受任者の責めに帰すべき事由により委任事務の履行を続けることができなくなったとしても，それまで現に委任事務を履行した以上は，既履行部分の割合に応じた報酬請求を認めるのが合理的である。

　そこで，改正民法648条3項は，①「委任者の責めに帰することができない事由によって委任事務の履行をすることができなくなったとき」（委任者の責めに帰すべき事由がある場合は改正民法536条2項の規定に従う）又は②「委任が履行の中途で終了したとき」に，既にした履行の割合に応じて報酬を請求することができることとした。

2) 第648条の2について

　成果報酬の約定がある委任は請負に類似するので，この場合につき請負に準じた規律を追加することにしたものである。

　具体的には，本条1項は，成果報酬の約定がありかつその成果が引渡しを要する場合は，請負に関する民法633条（改正民法で維持されている）に準じ，成果の引渡しと同時に報酬を支払わなければならないこととした。

　本条2項は，請負における一部報酬請求に関する改正民法634条を，成果報酬の約定がある委任に準用することとした。

3) 経過措置

　施行日前に締結された委任契約については，なお従前の例による（附則34条1項）。この経過措置は，以下に記載する委任に関する規定についても同様である。

改正条文	改正前条文
（委任の解除） 第651条　＜一部改正＞ 　1　改正なし 　2　前項の規定により委任の解除をした者は，次に掲げる場合には，相手方の損害を賠償しなければならない。ただし，やむを得ない事由があったときは，この限	（委任の解除） 第651条 　1　委任は，各当事者がいつでもその解除をすることができる。 　2　当事者の一方が相手方に不利な時期に委任の解

りでない。 (1) 相手方に不利な時期に委任を解除したとき。 (2) 委任者が受任者の利益（専ら報酬を得ることによるものを除く。）をも目的とする委任を解除したとき。	除をしたときは，その当事者の一方は，相手方の損害を賠償しなければならない。ただし，やむを得ない事由があったときは，この限りでない。

改正の要点

　旧法651条は，信頼関係がなくなった当事者間において委任を継続させることは無意味であるから，任意解除を認め，解除により被る損害は金銭的に填補させる（やむを得ない事由があったときは填補すら不要）という趣旨であった。

　上記趣旨に鑑み，判例は，受任者の利益をも目的とする委任については，委任者からは原則として解除することはできないが，やむを得ない事由がある場合（最判昭和40.12.17集民81号561頁）の他，やむを得ない事由がなくても，委任者が解除権自体を放棄したものとはみなされない事情があるときは，委任者は委任を解除することができる（最判昭和56.1.19民集35巻1号1頁）としている。

　そこで，改正民法651条2項2号は，これらの判例法理の趣旨を明文化し，かつ，委任が有償であるというだけでは受任者の利益をも目的とするものとは言えないという判例法理（最判昭和58.9.20判時1100号55頁）をも明文化した。

　具体的には，受任者の利益をも目的とする委任であっても委任者から解除することができる反面，委任者は原則として受任者が被る損害を賠償しなければならないとし，ただし，「報酬を得ること」はここでいう「受任者の利益」に含まれないことを明記した。

　本改正により，実務の取扱が大きく変わることはないと思われる。

第22 寄　託

改正条文	改正前条文
（寄託物受取り前の寄託者による寄託の解除等） 第657条の2　＜新設＞ 1　寄託者は，受寄者が寄託物を受け取るまで，契約の解除をすることができる。この場合において，受寄者は，その契約の解除によって損害を受けたときは，寄託者に対し，その賠償を請求することができる。 2　無報酬の受寄者は，寄託物を受け取るまで，契約の解除をすることができる。ただし，書面による寄託については，この限りでない。 3　受寄者(無報酬で寄託を受けた場合にあっては，書面による寄託の受寄者に限る。)は，寄託物を受け取るべき時期を経過したにもかかわらず，寄託者が寄託物を引き渡さない場合において，相当の期間を定めてその引渡しの催告をし，その期間内に引渡しがないときは，契約の解除をすることができる。	なし

改正の要点

1）　第1項について

　旧法では寄託契約は要物契約とされていたところ，改正民法では寄託契約の要物性が見直されて諾成契約とされた。これに伴い，契約成立後であって

も寄託物を受け取る前であれば合意の拘束力を調整する仕組みが必要であることから，寄託物受け取り前には寄託者の解除権を広く認め，解除により被る損害は金銭的に賠償させることとしたものである。

2) 第2項について

　　書面によらない贈与と同様，寄託物受け取り前で書面によらない場合には，無報酬の受寄者についても広く解除権を認めたものである。

3) 第3項について

　　寄託契約が成立しているにもかかわらず，寄託者がいつまでも寄託物を引き渡さない場合に，受寄者の方が解除することができなくて，いつまでも受取義務に拘束され続ける不利益に配慮し，受寄者に引渡しについての催告権を与え，催告にもかかわらず引渡しがなければ受寄者は解除することができるとの規律を定めたものである。

4) 経過措置について

　　施行日前に締結された寄託契約については，なお従前の例による（附則34条1項）。この経過措置は，以下に記載する寄託に関する規定についても同様である。

改正条文	改正前条文
（受寄者の通知義務） 第660条　＜1項はただし書を加え，2項及び3項は新設＞ 1　寄託物について権利を主張する第三者が受寄者に対して訴えを提起し，又は差押え，仮差押え若しくは仮処分をしたときは，受寄者は，遅滞なくその事実を寄託者に通知しなければならない。<u>ただし，寄託者が既にこれを知っているときは，この限りでない。</u> 2　第三者が寄託物について権利を主張する場合であっても，受寄者は，寄託者の指図がない限り，寄託者に対しその寄託	（受寄者の通知義務） 第660条 　寄託物について権利を主張する第三者が受寄者に対して訴えを提起し，又は差押え，仮差押え若しくは仮処分をしたときは，受寄者は，遅滞なくその事実を寄託者に通知しなければならない。

第22　寄　託

物を返還しなければならない。ただし，受寄者が前項の通知をした場合又は同項ただし書の規定によりその通知を要しない場合において，その寄託物をその第三者に引き渡すべき旨を命ずる確定判決（確定判決と同一の効力を有するものを含む。）があったときであって，その第三者にその寄託物を引き渡したときは，この限りでない。
3　受寄者は，前項の規定により寄託者に対して寄託物を返還しなければならない場合には，寄託者にその寄託物を引き渡したことによって第三者に損害が生じたときであっても，その賠償の責任を負わない。

改正の要点

1) **第1項について**
　本文において旧法660条と同様受寄者の通知義務を定めるとともに，ただし書において，賃貸借の場合と同様，寄託者が第三者の権利主張を知っていた場合には受寄者の通知義務を免除することとした。

2) **第2項について**
　第三者が寄託物について権利を主張をする場合であっても，第三者に確定判決又は確定判決と同一の効力を有するものがない限り，寄託者に対し寄託物を返還するという規律を新たに設けたものである。

3) **第3項について**
　第三者が寄託物について権利を主張する場合であっても，前項に従い寄託者に対して寄託物を返還した場合には，受寄者は権利主張する第三者に対して損害賠償責任を負わないことを明示して，受寄者の行うべき行為を明確にした。

第23 組 合

改正条文	改正前条文
（他の組合員の債務不履行） 第667条の2 ＜新設＞ 　1　第533条（同時履行の抗弁権）及び第536条（債務者の危険負担等）の規定は，組合契約については，適用しない。 　2　組合員は，他の組合員が組合契約に基づく債務の履行をしないことを理由として，組合契約を解除することができない。	なし
（組合員の一人についての意思表示の無効等） 第667条の3 ＜新設＞ 　組合員の一人について意思表示の無効又は取消しの原因があっても，他の組合員の間においては，組合契約は，その効力を妨げられない。	なし

改正の要点

　本各条は，組合契約に対する契約総則の規定や意思表示に関する民法総則の規定の適用関係について，これまでの解釈を踏まえ，組合契約の性格に即した規定を整備すべきとの考え方から明文化したものである。

　なお，施行日前に締結された組合契約については，なお従前の例による（附則34条1項）。この経過措置は，以下に記載する組合に関する規定についても同様である。

第23 組 合

改正条文	改正前条文
（業務の決定及び執行の方法）　＜全面改正＞ 第670条 　1　組合の業務は，組合員の過半数をもって決定し，各組合員がこれを執行する。 　2　組合の業務の決定及び執行は，組合契約の定めるところにより，一人又は数人の組合員又は第三者に委任することができる。 　3　前項の委任を受けた者（以下「業務執行者」という。）は，組合の業務を決定し，これを執行する。この場合において，業務執行者が数人あるときは，組合の業務は，業務執行者の過半数をもって決定し，各業務執行者がこれを執行する。 　4　前項の規定にかかわらず，組合の業務については，総組合員の同意によって決定し，又は総組合員が執行することを妨げない。 　5　組合の常務は，前各項の規定にかかわらず，各組合員又は各業務執行者が単独で行うことができる。ただし，その完了前に他の組合員又は業務執行者が異議を述べたときは，この限りでない。	（業務の執行の方法） 第670条 　1　組合の業務の執行は，組合員の過半数で決する。 　2　前項の業務の執行は，組合契約でこれを委任した者（次項において「業務執行者」という。）が数人あるときは，その過半数で決する。 　3　組合の常務は，前二項の規定にかかわらず，各組合員又は各業務執行者が単独で行うことができる。ただし，その完了前に他の組合員又は業務執行者が異議を述べたときは，この限りでない。
（組合の代理） 第670条の2　＜新設＞ 　1　各組合員は，組合の業務を執行する場合において，組合員の過半数の同意を得たときは，他の組合員を代理することができる。 　2　前項の規定にかかわらず，業務執行者があるときは，業務執行者のみが組合員	なし

第23　組　合

を代理することができる。この場合において，業務執行者が数人あるときは，各業務執行者は，業務執行者の過半数の同意を得たときに限り，組合員を代理することができる。 3　前2項の規定にかかわらず，各組合員又は各業務執行者は，組合の常務を行うときは，単独で組合員を代理することができる。	

改正の要点

　本各条は，組合の意思を決定し，実行することと，対外的に法律行為を行うこととを区別し，それぞれについて分かりやすい規定を置くべきであるという考え方から明文化したものである。

　なお，第670条の2については，組合は法人格を持たないことから，組合が第三者と法律行為を行うためには，代理の形式を用いざるを得ないところ，民法には組合代理についての規定を特に設けていないため，通説的な解釈を明文化したものである。

改　正　条　文	改正前条文
（組合の債権者の権利の行使） 第675条　＜全面改正＞ 1　組合の債権者は，組合財産についてその権利を行使することができる。 2　組合の債権者は，その選択に従い，各組合員に対して損失分担の割合又は等しい割合でその権利を行使することができる。ただし，組合の債権者がその債権の発生の時に各組合員の損失分担の割合を知っていたときは，その割合による。	（組合員に対する組合の債権者の権利の行使） 第675条 　組合の債権者は，その債権の発生の時に組合員の損失分担の割合を知らなかったときは，各組合員に対して等しい割合でその権利を行使することができる。

第23 組 合

改正条文	改正前条文
（組合員の持分の処分及び組合財産の分割） 第676条　＜一部改正＞ 　1　組合員は，組合財産についてその持分を処分したときは，その処分をもって組合及び組合と取引した第三者に対抗することができない。 　2　<u>組合員は，組合財産である債権について，その持分についての権利を単独で行使することができない。</u> 　<u>3</u>　組合員は，清算前に組合財産の分割を求めることができない。	（組合員の持分の処分及び組合財産の分割） 第676条 　1　組合員は，組合財産についてその持分を処分したときは，その処分をもって組合及び組合と取引した第三者に対抗することができない。 　2　組合員は，清算前に組合財産の分割を求めることができない。
（組合財産に対する組合員の債権者の権利の行使の禁止） 第677条　＜全面改正＞ 　組合員の債権者は，組合財産についてその権利を行使することができない。	（組合の債務者による相殺の禁止） 第677条 　組合の債務者は，その債務と組合員に対する債権とを相殺することができない。

改正の要点

　本各条は，組合では組合財産は総組合員の共有に属すると規定されているものの，物権編の「共有」とは異なり，組合員個人の財産から独立した性質を有すると解されており，このような組合財産の独立性，組合財産に属する債権，組合債務に関する通説的な解釈を明文化したものである。

改正条文	改正前条文
（組合員の加入） 第677条の2　＜新設＞ 　1　組合員は，その全員の同意によって，又は組合契約の定めるところにより，新	なし

第 23　組　合

たに組合員を加入させることができる。 2　前項の規定により組合の成立後に加入した組合員は，その加入前に生じた組合の債務については，これを弁済する責任を負わない。	
（脱退した組合員の責任等） 第 680 条の 2　＜新設＞ 1　脱退した組合員は，その脱退前に生じた組合の債務について，従前の責任の範囲内でこれを弁済する責任を負う。この場合において，債権者が全部の弁済を受けない間は，脱退した組合員は，組合に担保を供させ，又は組合に対して自己に免責を得させることを請求することができる。 2　脱退した組合員は，前項に規定する組合の債務を弁済したときは，組合に対して求償権を有する。	なし

改正の要点

　本各条は，学説で認められてきた組合員の加入及び組合員の脱退について明文化したものである。

改 正 条 文	改正前条文
（組合の解散事由） 第 682 条　＜全面改正＞ 　組合は，次に掲げる事由によって解散する。 　(1)　組合の目的である事業の成功又はその成功の不能 　(2)　組合契約で定めた存続期間の満了 　(3)　組合契約で定めた解散の事由の発生	（組合の解散事由） 第 682 条 　組合は，その目的である事業の成功又はその成功の不能によって解散する。

155

第23　組　合

(4) 総組合員の同意

改正の要点

本条は，旧法で規定されている解散事由のほかに，これまでの解釈で認められてきた事由を追加すべきであるとの考え方から，2号から4号までにおいてこれを明文化したものである。

経過措置一覧表

【項目名】 (経過措置)	【改正民法附則の条文案】	【基準時】 下記時点が施行日前であれば旧法が適用され，以後であれば新法が適用される。ただし，下記時点が施行日以後に生じても旧法が適用される場合がある（下記のただし書き参照）。	【立法趣旨・注意点】
施行期日	第1条 　この法律は，公布の日から起算して3年を超えない範囲内において政令で定める日から施行する。ただし，次の各号に掲げる規定は，当該各号に定める日から施行する。 (1)　附則第37条の規定　公布の日 (2)　附則第33条第3項の規定　公布の日から起算して1年を超えない範囲内において政令で定める日 (3)　附則第21条第2項及び第3項の規定　公布の日から起算して2年9月を超えない範囲内において政令で定める日		
意思能力	第2条 　この法律による改正後の民法（以下「新法」という。）第3条の2の規定は，この法律の施行の日（以下「施行日」という。）前にされた意思表示については，適用しない。	意思表示時	当事者の予測可能性を保護する観点から，原則的には意思表示時，（法律）行為時，契約締結時又は債権発生時を基準とする

157

経過措置一覧表

			(以下同じ場合は特に記載しない)。
行為能力	第3条 　施行日前に制限行為能力者（新法第13条第1項第10号に規定する制限行為能力者をいう。以下この条において同じ。）が他の制限行為能力者の法定代理人としてした行為については、同項及び新法第102条の規定にかかわらず、なお従前の例による。	制限行為能力者の代理行為時	
無記名債権	第4条 　施行日前に生じたこの法律による改正前の民法（以下「旧法」という。）第86条第3項に規定する無記名債権（その原因である法律行為が施行日前にされたものを含む。）については、なお従前の例による。	無記名債権の発生時。ただし、その原因である法律行為が施行日前にされたときは旧法を適用する。	
公序良俗	第5条 　施行日前にされた法律行為については、新法第90条の規定にかかわらず、なお従前の例による。	法律行為時	
意思表示	第6条 1　施行日前にされた意思表示については、新法第93条、第95条、第96条第2項及び第3項並びに第98条の2の規定にかかわらず、なお従前の例による。	意思表示時	
	2　施行日前に通知が発せられた意思表示については、新法第97条の規定にかかわらず、	意思表示時（施行日前に意思表示の通知が発せ	

	なお従前の例による。	られた場合を含む)	
代理	第7条 1　施行日前に代理権の発生原因が生じた場合（代理権授与の表示がされた場合を含む。）におけるその代理については，附則第3条に規定するもののほか，なお従前の例による。	代理権の発生原因時（代理権授与の表示がされた場合を含む）	
	2　施行日前に無権代理人が代理人として行為をした場合におけるその無権代理人の責任については，新法第117条（新法第118条において準用する場合を含む。）の規定にかかわらず，なお従前の例による。	無権代理行為時	
無効及び取消し	第8条 1　施行日前に無効な行為に基づく債務の履行として給付がされた場合におけるその給付を受けた者の原状回復の義務については，新法第121条の2（新法872条第2項において準用する場合を含む。）の規定にかかわらず，なお従前の例による。	無効な行為に基づく債務の履行としての給付時	
	2　施行日前に取り消すことができる行為がされた場合におけるその行為の追認（法定追認を含む。）については，新法第122条，第124条及び第125条（これらの規定を新法第872条第2項において準用する場合を含む。）の規定にかかわらず，なお従前の例による。	取り消すことができる行為がされた時	

経過措置一覧表

条件及び期限	第9条　新法第130条第2項の規定は，施行日前にされた法律行為については，適用しない。	法律行為時	
時効	第10条 1　施行日前に債権が生じた場合（施行日以後に債権が生じた場合であって，その原因である法律行為が施行日前にされたときを含む。以下同じ。）におけるその債権の消滅時効の援用については，新法第145条の規定にかかわらず，なお従前の例による。	債権の発生時。ただし，その原因である法律行為が施行日前にされたときは旧法を適用する。	括弧書きに「以下同じ」とある。
	2　施行日前に旧法第147条に規定する時効の中断の事由又は旧法第158条から第161条までに規定する時効の停止の事由が生じた場合におけるこれらの事由の効力については，なお従前の例による。	中断又は停止事由の発生時	
	3　新法第151条の規定は，施行日前に権利についての協議を行う旨の合意が書面でされた場合（その合意の内容を記録した電磁的記録（新法第151条第4項に規定する電磁的記録をいう。附則第33条第2項において同じ。）によってされた場合を含む。）におけるその合意については，適用しない。	協議による時効完成猶予の合意が書面でされた時	
	4　施行日前に債権が生じた場合におけるその債権の消滅時効の期間については，なお従	債権の発生時。ただし，その原因である法律行	附則10条1項括弧書き参照。不法行為による損害賠

	前の例による。	為が施行日前にされたときは旧法を適用する。	償請求権と異なる経過措置となっている（附則35条参照）。
債権を目的とする質権の対抗要件	第11条 　施行日前に設定契約が締結された債権を目的とする質権の対抗要件については，新法第364条の規定にかかわらず，なお従前の例による。	設定契約時	
指図債権	第12条 　施行日前に生じた旧法第365条に規定する指図債権（その原因である法律行為が施行日前にされたものを含む。）については，なお従前の例による。	指図債権の発生時。ただし，その原因である法律行為が施行日前にされたときは旧法を適用する。	
根抵当権	第13条 1　施行日前に設定契約が締結された根抵当権の被担保債権の範囲については，新法第398条の2第3項及び第398条の3第2項の規定にかかわらず，なお従前の例による。	設定契約時	
	2　新法第398条の7第3項の規定は，施行日前に締結された債務の引受けに関する契約については，適用しない。	債務引受の契約時	
	3　施行日前に締結された更改の契約に係る根抵当権の移転については，新法第398条の7第4項の規定にかかわらず，なお従前の例による。	更改契約時	

経過措置一覧表

債権の目的	第14条 　施行日前に債権が生じた場合におけるその債務者の注意義務については，新法第400条の規定にかかわらず，なお従前の例による。	債権の発生時。ただし，その原因である法律行為が施行日前にされたときは旧法を適用する。	附則10条1項括弧書き参照。
法定利率	第15条 1　施行日前に利息が生じた場合におけるその利息を生ずべき債権に係る法定利率については，新法第404条の規定にかかわらず，なお従前の例による。	利息発生時	
	2　新法第404条第4項の規定により法定利率に初めて変動があるまでの各期における同項の規定の適用については，同項中「この項の規定により法定利率に変動があった期のうち直近のもの（以下この項において「直近変動期」という。）」とあるのは「民法の一部を改正する法律（平成27年法律第　　号）の施行後最初の期」と，「直近変動期における法定利率」とあるのは「年3パーセント」とする。		改正後の最初の法定利率の変動に関する規定である。
選択債権の不能による特定	第16条 　施行日前に債権が生じた場合における選択債権の不能による特定については，新法第410条の規定にかかわらず，なお従前の例による。	債権の発生時。ただし，その原因である法律行為が施行日前にされたときは旧法を適用する。	附則10条1項括弧書き参照。

債務不履行の責任等	第17条 1　施行日前に債務が生じた場合（施行日以後に債務が生じた場合であって、その原因である法律行為が施行日前にされたときを含む。附則第25条第1項において同じ。）におけるその債務不履行の責任等については、新法第412条第2項，第412条の2から第413条の2まで，第415条，第416条第2項，第418条及び第422条の2の規定にかかわらず，なお従前の例による。	債務の発生時。ただし，その原因である法律行為が施行日前にされたときは旧法を適用する。	
	2　新法第417条の2（新法第722条第1項において準用する場合を含む。）の規定は，施行日前に生じた将来において取得すべき利益又は負担すべき費用についての損害賠償請求権については，適用しない。	将来において取得すべき利益又は負担すべき費用についての損害賠償請求権の発生時	
	3　施行日前に債務者が遅滞の責任を負った場合における遅延損害金を生ずべき債権に係る法定利率については，新法第419条第1項の規定にかかわらず，なお従前の例による。	遅滞の責任を負った時	
	4　施行日前にされた旧法第420条第1項に規定する損害賠償の額の予定に係る合意及び旧法第421条に規定する金銭でないものを損害の賠償に充てるべき旨の予定に係る合意については，なお従前の例による。	合意時	

債権者代位権	第18条 1　施行日前に旧法第423条第1項に規定する債務者に属する権利が生じた場合におけるその権利に係る債権者代位権については，なお従前の例による。	債務者に属する権利（被代位権利）が生じた時	
	2　新法第423条の7の規定は，施行日前に生じた同条に規定する譲渡人が第三者に対して有する権利については，適用しない。	同上	
詐害行為取消権	第19条 　施行日前に旧法第424条第1項に規定する債務者が債権者を害することを知ってした法律行為がされた場合におけるその行為に係る詐害行為取消権については，なお従前の例による。	詐害行為時	
不可分債権，不可分債務，連帯債権及び連帯債務	第20条 1　施行日前に生じた旧法第428条に規定する不可分債権（その原因である法律行為が施行日前にされたものを含む。）については，なお従前の例による。	不可分債権の発生時。ただし，その原因である法律行為が施行日前にされたときは旧法を適用する。	
	2　施行日前に生じた旧法第430条に規定する不可分債務及び旧法第432条に規定する連帯債務（これらの原因である法律行為が施行日前にされたものを含む。）については，なお従前の例による。	不可分債務，連帯債務の発生時。ただし，これらの原因である法律行為が施行日前にされたときは旧法を適用する。	

	3　新法第432条から第435条の2までの規定は，施行日前に生じた新法第432条に規定する債権（その原因である法律行為が施行日前にされたものを含む。）については，適用しない。	連帯債権の発生時。ただし，その原因である法律行為が施行日前にされたときは旧法を適用する。	
保証債務	第21条 1　施行日前に締結された保証契約に係る保証債務については，なお従前の例による。	保証契約締結時	
	2　保証人になろうとする者は，施行日前においても，新法第465条の6第1項（新法第465条の8第1項において準用する場合を含む。）の公正証書の作成を嘱託することができる。		公正証書は施行日前でも作成の嘱託ができる。ただし，公布の日から起算して2年9月を超えない範囲内において政令で定めた日以後である（附則1条3号参照）。
	3　公証人は，前項の規定による公正証書の作成の嘱託があった場合には，施行日前においても，新法第465条の6第2項及び465条の7（これらの規定を新法第465条の8第1項において準用する場合を含む。）の規定の例により，その作成をすることができる。		前項の規定による嘱託により，公証人は公正証書の作成をすることができる。
債権の譲渡	第22条 　施行日前に債権の譲渡の原因である法律行為がされた場合におけるその債権の譲渡については，新法第466条から第469条までの規定にかかわらず，なお	債権の譲渡の原因である法律行為の時	

経過措置一覧表

	従前の例による。		
債務の引受け	第23条 　新法第470条から472条の4までの規定は，施行日前に締結された債務の引受けに関する契約については，適用しない。	債務の引受け契約時	
記名式所持人払債権	第24条 　施行日前に生じた旧法第471条に規定する記名式所持人払債権（その原因である法律行為が施行日前にされたものを含む。）については，なお従前の例による。	記名式所持人払債権の発生時。ただし，その原因である法律行為が施行日前にされたときは旧法を適用する。	
弁済	第25条 1　施行日前に債務が生じた場合におけるその債務の弁済については，次項に規定するもののほか，なお従前の例による。	債務の発生時。ただし，その原因である法律行為が施行日前にされたときは旧法を適用する。	附則17条1項括弧書き参照。
	2　施行日前に弁済がされた場合におけるその弁済の充当については，新法第488条から第491条までの規定にかかわらず，なお従前の例による。	弁済時	
相殺	第26条 1　施行日前にされた旧法第505条第2項に規定する意思表示については，なお従前の例による。	相殺禁止の意思表示時	
	2　施行日前に債権が生じた場合におけるその債権を受働債権とする相殺については，新法第509条の規定にかかわらず，なお従前の例による。	受働債権の発生時。ただし，その原因である法律行為が施行日前にされたときは	附則10条1項括弧書き参照。

		旧法を適用する。	
	3 施行日前の原因に基づいて債権が生じた場合におけるその債権を自働債権とする相殺（差押えを受けた債権を受働債権とするものに限る。）については，新法第511条の規定にかかわらず，なお従前の例による。	自働債権の原因発生時	
	4 施行日前に相殺の意思表示がされた場合におけるその相殺の充当については，新法第512条及び第512条の2の規定にかかわらず，なお従前の例による。	相殺の意思表示時	
更改	第27条 　施行日前に旧法第513条に規定する更改の契約が締結された更改については，なお従前の例による。	更改の契約締結時	
有価証券	第28条 　新法第520条の2から第520条の20までの規定は，施行日前に発行された証券については，適用しない。	有価証券の発行時	
契約の成立	第29条 1 施行日前に契約の申込みがされた場合におけるその申込み及びこれに対する承諾については，なお従前の例による。	申込時	
	2 施行日前に通知が発せられた契約の申込みについては，新法第526条の規定にかかわらず，なお従前の例による。	申込みの通知の発信時	

経過措置一覧表

	3　施行日前にされた懸賞広告については，新法第529条から第530条までの規定にかかわらず，なお従前の例による。	懸賞広告時	
契約の効力	第30条 1　施行日前に締結された契約に係る同時履行の抗弁及び危険負担については，なお従前の例による。	契約締結時	
	2　新法第537条第2項及び第538条第2項の規定は，施行日前に締結された第三者のためにする契約については，適用しない。	契約締結時	
契約上の地位の移転	第31条 　新法第539条の2の規定は，施行日前にされた契約上の地位を譲渡する旨の合意については，適用しない。	譲渡の合意時	
契約の解除	第32条 　施行日前に契約が締結された場合におけるその契約の解除については，新法第541条から第543条まで，第545条第3項及び第548条の規定にかかわらず，なお従前の例による。	契約締結時	
定型約款	第33条 1　新法第548条の2から第548条の4までの規定は，施行日前に締結された定型取引（新法第548条の2第1項に規定する定型取引をいう。）に係る契約についても，適用する。ただし，旧法の規定によって生じた効力を妨げない。		旧法のもとでは定型約款の要件及び変更の可否について不明な部分があることから，新法を適用する。ただし，旧法の規定によって生じた効力を妨げない。

168

	2　前項の規定は，同項に規定する契約の当事者の一方（契約又は法律の規定により解除権を現に行使することができる者を除く。）により反対の意思の表示が書面でされた場合（その内容を記録した電磁的記録によってされた場合を含む。）には，適用しない。		反対の意思を書面で表示することにより，定型約款の拘束力からの離脱をすることができる。ただし，解除権を現に行使することができる者を除く。
	3　前項に規定する反対の意思の表示は，施行日前にしなければならない。		公布日から起算して1年を超えない範囲内において政令で定める日から施行日までの間に，前項の反対の意思表示をすることを要する（附則第1条2号参照）。
贈与等	第34条 1　施行日前に贈与，売買，消費貸借（旧法第589条に規定する消費貸借の予約を含む。），使用貸借，賃貸借，雇用，請負，委任，寄託又は組合の各契約が締結された場合におけるこれらの契約及びこれらの契約に付随する買戻しその他の特約については，なお従前の例による。	契約締結時	売買から組合までの各契約及びこれらの契約に付随する買戻しその他の特約を含む。
	2　前項の規定にかかわらず，新法第604条第2項の規定は，施行日前に賃貸借契約が締結された場合において施行日以後にその契約の更新にかかる合意がされるときにも適用す		賃貸借については，施行日前に契約が締結され，施行日以後にその契約の更新に係る合意がされるときには，

経過措置一覧表

	る。		新法を適用する。更新後は50年とすることができる。
	3　第1項の規定にかかわらず，新法第605条の4の規定は，施行日前に不動産の賃貸借契約が締結された場合において施行日以後にその不動産の占有を第三者が妨害し，又はその不動産を第三者が占有しているときにも適用する。		新法を適用する。
不法行為等	第35条 1　旧法第724条後段（旧法第934条第3項（旧法第936条第3項，第947条第3項，第950条第2項及び第957条第2項において準用する場合を含む。）において準用する場合を含む。）に規定する期間がこの法律の施行の際既に経過していた場合におけるその期間の制限については，なお従前の例による。		この法律の施行の際に，旧法724条後段の期間（客観的起算点から20年）が経過していなければ新法を適用する。被害者をできる限り保護する趣旨である。
	2　新法第724条の2の規定は，不法行為による損害賠償請求権の旧法第724条前段に規定する時効がこの法律の施行の際既に完成していた場合については，適用しない。		この法律の施行の際に，旧法724条前段に規定する時効（主観的起算点から3年）が完成していなければ，新法を適用する。趣旨は前項と同じ。
遺言執行者の復任権及び報酬	第36条 1　施行日前に遺言執行者となった者の旧法第1016条第2項において準用する旧法第	遺言執行者就任時	

	105条に規定する責任については，なお従前の例による。		
	2 施行日前に遺言執行者となった者の報酬については，新法第1018条第2項において準用する新法第648条第3項及び第648条の2の規定にかかわらず，なお従前の例による。	遺言執行者就任時	
政令への委任	第37条 　この附則に規定するもののほか，この法律の施行に関し必要な経過措置は，政令で定める。		

あとがき

　本書は,「改正民法の内容を分かりやすく,しかも正確に伝える」ことを目的として作成した解説書です。コンパクトですが,これまでに多くの議論があった重要論点を網羅し,条文を読んだだけでは理解しがたい改正の背景事情に遡った解説を加えています。

　「100年に一度の大改正」と謳われるとおり,今般の民法改正は改正箇所が膨大であり,その全てを理解することは容易ではありません。民法改正の内容を理解するには,その「勘どころ」を摑むのが一番の近道であろうと思います。本書は,プロジェクトチームで7年間にわたり,様々な分野で活躍する弁護士が一堂に会して議論を重ね,「勘どころ」を抽出した成果となっています。

　改正民法の基本理念である「今日の,そしてこれからの社会の実情にあった民法」「分かりやすい・透明性の高い民法」を正しく理解して頂くために,本書をご活用頂けますことを,執筆者一同切に望むところです。

　末筆になりますが,本書の刊行までにご尽力を頂いた方々(特に,信山社の袖山貴氏と稲葉文子氏,法曹親和会の歴代執行部の皆様,そして戸部秀明初代座長をはじめとする歴代プロジェクトチームメンバーの皆様)に,厚く御礼を申し上げます。

　2015年8月

東京弁護士会法曹親和会
民法改正プロジェクトチーム
編集代表・弁護士　伊　藤　　元

民法（債権関係）改正法案のポイント解説
【新旧条文対照表付き】

2015（平成27）年8月25日　第1版第1刷発行
7050：P184￥1600-012-010-005

編　者　法曹親和会
発行者　今井 貴　稲葉文子
発行所　株式会社　信山社
　　　　　編集第2部

〒113-0033　東京都文京区本郷 6-2-9-102
Tel 03-3818-1019　Fax 03-3818-0344
info@shinzansha.co.jp
笠間才木支店　〒309-1611 茨城県笠間市笠間 515-3
Tel 0296-71-9081　Fax 0296-71-9082
笠間来栖支店　〒309-1625 茨城県笠間市来栖 2345-1
Tel 0296-71-0215　Fax 0296-72-5410
出版契約 No.2015-7050-1-01011　Printed in Japan

Ⓒ法曹親和会, 2015　印刷・製本／ワイズ書籍, Yoshi・渋谷文泉閣
ISBN978-4-7972-7050-1 C3332　分類324.000.6010 民法

JCOPY　《(社)出版者著作権管理機構　委託出版物》
本書の無断複写は著作権法上での例外を除き禁じられています。複写される場合は、
そのつど事前に、(社)出版者著作権管理機構（電話03-3513-6969, FAX03-3513-6979,
e-mail: info@jcopy.or.jp）の許諾を得てください。

◇広中俊雄 編著◇
日本民法典資料集成

近代法制の息吹と現代への示唆

《全15巻》
第1巻発売中

第一部「民法典編纂の新方針」第一巻
第二部 修正原案とその審議 第二〜八巻
第三部「整理議案とその審議」第九巻
第四部 民法修正案の理由書 第十〜十一巻
第五部 民法修正の参考資料 第十二〜十四巻
第六部 帝国議会の法案審議 第十五巻

[編集協力]
大村敦志
中村哲也
岡村孝

《日本民法典編纂史研究の初期史料集の決定版》

穂積陳重、梅謙次郎、箕作麟祥関係文書などの新方針に関する部分を複製、体系的かつ網羅的に集成。

1 民法典編纂の新方針／2 修正原案とその審議 総則編関係／3 修正原案とその審議 物権編関係／4 修正原案とその審議 債権編関係 上／5 修正原案とその審議 債権編関係 下／6 修正原案とその審議 親族編関係 上／7 修正原案とその審議 親族編関係 下／8 修正原案とその審議 相続編関係／9 整理議案とその審議／10 民法修正案の理由書 前三編関係／11 民法修正案の理由書 後二編関係／12 民法修正の参考資料 入会権資料／13 民法修正の参考資料 身分法資料／14 民法修正の参考資料 諸他の資料／15 帝国議会の法案審議―附表 民法修正案条文の変遷

● 待望の刊行 ● 1 民法典編纂の新方針

【目次】
『日本民法典資料集成』(全15巻)への序／全巻凡例／日本民法典編纂史年表
全巻総目次／第1巻目次(第1部細目次)
　第1部「民法典編纂の新方針」総説
　　Ⅰ 新方針(＝民法修正)の基礎
　　Ⅱ 法典調査会の作業方針
　　Ⅲ 甲号議案審議前に提出された乙号議案とその審議
　　Ⅳ 民法目次案とその審議
　　Ⅴ 甲号議案審議以後に提出された乙号議案
　第1部あとがき(研究ノート)

信山社
〒113-0033
東京都文京区本郷6-2-9
東大正門前

□法律・歴史・文化,日本近代史研究に必備□
カラー写真含め,当時の資料そのままを
掲載。圧倒的リアリティーで迫る!!

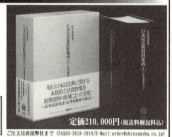

定価210,000円(税送料棚包料込)

ご注文は直接弊社まで(FAX03-3818-1019/E-Mail:order@shinzansha.co.jp)

2015.7.31 最新刊!!

加賀山茂 編著

民法(債権関係)改正法案の〔現・新〕条文対照表
〔条文番号整理案付〕

A5変・並製・324頁 2,000円(税別) ISBN978-4-7972-7045-7 C3323

どの条文がどのように変わったのか

◆◇◆ 単純に条文数でなく、内容で比較し、従来の条文との関連を分かり易く提示した新旧条文対照表 ◆◇◆

【目 次】
◆序 文/加賀山茂
◆第Ⅰ部◆ 現・新条文番号対照表
◆第Ⅱ部◆ 現行民法(現)と改正法案(新)との対照表〔条文番号整理案付〕/加賀山茂
◆第Ⅲ部◆ 法務省版新旧対照条文と編者による内容対照・コメント/加賀山茂

◆本書を参照すれば、現在手元にある古い教科書や資料でも続けて使えることになり、法律実務(法曹、会社法務)や、各種試験・授業の勉強に、広く有用となる書籍◆

メインとなる第Ⅱ部では、改正条文には、各条文一括でなく、個々の条文内で、1単語、もしくは1文字レベルまで改正箇所に下線(または、削除される予定の箇所には取消線)をひいて、変更部分を精密に提示。また、第Ⅰ部では、分かりやすい一覧表として、現行(旧)から新改正案となった条文に加え、改正されなかった部分も含め、民法全条文の条文数と見出しのみの比較表をまず掲げて、すでに刊行されている教科書等を読む際にも便利。第Ⅱ部、および第Ⅲ部では、比較一覧表とともに、加賀山教授による整理案、コメントも掲載し、今後の民法改正議論にも必読の、幅広く有用の書。

民法入門・担保法革命 DVD
A5変・並製・96頁(DVD付) 3,000円(税別) ISBN978-4-7972-3591-3 C3332
プレゼンテーションを駆使し、最新の学習理論に基づいた、最高水準の授業を自宅で古稀大学の授業を体験を体験的に体感できる

＋ DVD付

加賀山 茂 著
現代民法学習法入門
A5変・上製・288頁 2,800円(税別)
ISBN978-4-7972-2493-1 C3332

民法学習のための戦略的方法論を提供

本書は、民法を短期間でマスターしようと考えている人を対象にして、民法の学習方法を戦略的に再構成し、その戦略を提供するものである。第1部では、民法を初めて学習する人に対して、民法の特色、学習目標の設定、法律家の思考パターンなど、学習する際に考慮すべき事項についてのノウハウを提供する。第2部では、民法の学習にとっての問題点について、著者の考え方を明らかにする。

加賀山 茂 著
現代民法担保法
A5変・上製・738頁 6,800円(税別)
ISBN978-4-7972-2684-3 C3332

人的担保・物的担保の総合理論を提唱

本書は、人的担保(保証・連帯債務)と物的担保(担保物権)を債権の把握力の量的・質的強化として捉え、担保法の分野を統一的に解説した理論体系書である。各論では、すべての物的担保の優先関係を明確にする「優先権的決定のルール」により、先取特権と抵当権の対立関係を解決している。保証人保護の法理、抵当不動産の賃借人保護の法理などの解釈理論を提唱する。研究者・実務家必見。

〒113-0033 東京都文京区本郷6-2-9-102 東大正門前
TEL:03(3818)1019 FAX:03(3811)3580 E-mail:order@shinzansha.co.jp

http://www.shinzansha.co.jp

「民法(債権関係)の改正に関する中間的な論点整理」に対する意見書

東京弁護士会 編著

◇意見書Ⅰ 改正目的との関係で
特に重要な論点について◇
第1章 本意見書の基本的方向性
第2章 契約法の基礎に関わる重要論点
第3章 その他の重要な論点
第4章 まとめ
◇意見書Ⅱ 全体版◇
第1 債権の目的
第2 履行請求権等
第3 債務不履行による損害賠償
第4 賠償額の予定(民法第420条、第421条)
第5 契約の解除
第6 危険負担(民法第534条から第536条まで)
第7 受領遅滞(民法第413条)
第8 債務不履行に関連する新規規定
第9 債権者代位権
第10 詐害行為取消権
第11 多数当事者の債権及び債務(保証債務を除く)
第12 保証債務
第13 債権譲渡
第14 証券的債権に関する規定
第15 債務引受
第16 契約上の地位の移転(譲渡)
第17 弁済
第18 相殺
第19 更改
第20 免除及び混同
第21 新たな債権消滅原因に関する法的概念

(決済手法の高度化・複雑化への民法上の対応)
第22 契約に関する基本原則等
第23 契約交渉段階
第24 申込みと承諾
第25 懸賞広告
第26 第三者のためにする契約
第27 約款(定義及び組入要件)
第28 法律行為に関する通則
第29 意思能力
第30 意思表示
第31 不当条項規制
第32 無効及び取消し
第33 代理
第34 条件及び期限
第35 期間の計算
第36 消滅時効
第37 契約各則 —— 共通論点
第38 売買 —— 総則
第39 売買 —— 売買の効力(担保責任)
第40 売買 —— 売買の効力(担保責任以外)
第41 売買 —— 買戻し、特殊の売買
第42 交換
第43 贈与
第44 消費貸借
第45 賃貸借

第46 使用貸借
第47 役務提供型の典型契約(雇用、請負、委任、寄託)総論
第48 請負
第49 委任
第50 準委任に代わる役務提供型契約の受皿規定
第51 雇用
第52 寄託
第53 組合
第54 終身定期金
第55 和解
第56 新種の契約
第57 事情変更の原則
第58 不安の抗弁権
第59 契約の解釈
第60 継続的契約
第61 法定債権に関する規定に与える影響
第62 消費者・事業者に関する規定
第63 規定の配置

民法改正と世界の民法典

民法改正研究会(代表 加藤雅信)

第1部 日本民法典の改正
第1章 「日本民法改正試案」の基本枠組/加藤雅信
第2章 民法改正の国際的動向
 第1節 ドイツ債務法(秋山靖浩)/第2節 フランス法(野澤正充)/第3節 ドイツ物権法:BGB900条1項・3文における私法と公法との調和をめぐって 新しい土地利用権体系の構築に向けて 用益物権・賃貸借・特別法の再編成をめざして(松岡久和)
第3章 日本民法改正試案の基本方向、民法財産法・冒頭と末尾
 (第4章 会社法をも射程に含めた民法の統合か、商事の統合か/加藤雅信)
第5章 日本民法改正試案作成にあたって
 第1節 「法技術論」としての民法のあり方の検討/加藤雅信
 第2節 民事裁合法論として民法を市民法とするか/野澤正充
第6章 世界に挑む民法改正諸問題
 第7章 物権、賃貸借法(民事法学(ピエール・カタラ/カタラ試案への寄せて(磯村保))
第8章 消費者法、消費者の撤回権・詐欺・不実表示(大沼・直)
第9章 中国物権法(物権法制定と物権変動制度(崔・建遠)/第2節 物権変動の制度のあり方 車論文と日本法(横山美晶))
第10章 日本における損害賠償・帰責事由・廣林論と日本法(鹿野菜穂子)
 第1節 債務不履行による損害賠償/過失
原理/リーゼンフーバー論文と日本法(渡辺達徳)
第11章 ヨーロッパ契約法原理の導入/加藤雅信
 第1節 契約解除制度/帰責事由/廣林論と日本法(鹿野菜穂子)
第12章 債務譲渡(池田真朗)
第13章 世界の民法典の編纂と西洋法の継受/加藤雅信
第14章 フランス民法典、債務法改正草案(ピエール・カタラ/カタラ草案に寄せて(磯村保))
第15章 オランダ民法典の制定(公布訳:アーサー・S・ハートカンプ/廣瀬久和訳)
第16章 韓国における民法典の改正—第二次世界大戦後の動き(尹真秀訳/金珠珠訳)/第2節 韓国における民法典の改正・急展開(金相容訳/金珠珠訳)
第Ⅴ部 資料編
①平成20年日本私法学会提案:資料1 日本民法改正試案(民法改正研究会・暫定案(平成20年10月13日案))第1分冊(総則・物権)/資料2 日本民法改正試案(民法改正研究会・暫定案(平成20年10月13日提出))第2分冊(債権)
②平成21年新年案:資料3 日本民法改正試案(民法改正研究会・仮案(平成21年1月1日案))
③ヨーロッパ連合における民法論議—統一性と多様性(相克:調和(北居功))